Luigi Vitturi

Il buon seme della Parola

Luigi Vitturi

Il buon seme della Parola

Riflessi di vita pastorale raccolti lungo la strada

Edizioni Sant'Antonio

Imprint

Cover image: www.ingimage.com

Publisher:
Edizioni Accademiche Italiane
is a trademark of
International Book Market Service Ltd., member of OmniScriptum Publishing Group
17 Meldrum Street, Beau Bassin 71504, Mauritius
Printed at: see last page
ISBN: 978-613-8-39381-8

Luigi Vitturi

IL BUON SEME
DELLA PAROLA

Riflessi di vita pastorale
raccolti lungo la strada

Venezia 2020

Fac, precor, Domine,
me gustare per amorem
quod gusto per cogitationem.
Sentiam per affectum
quod sentio per intellectum.

Ti prego, Signore,
fa’ che gusti attraverso l’amore
ciò che gusto attraverso la conoscenza.
Fa’ che senta attraverso l’affetto
ciò che sento attraverso l’intelletto.
(Anselmo d’Aosta, *Liber meditationum et orationum*, Meditatio XI)

Prefazione

Cos'è lo stupore? La meraviglia? È quando si rimane ad occhi spalancati o a bocca aperta davanti a qualcosa di inaspettato. Il contrario dello stupore? Per me, è la stupidità, cioè l'incapacità di ringraziare davanti alla bellezza delle cose e delle persone, dei fatti e del creato, di Dio e del suo amore. Mi spiego con alcuni esempi tratti dall'esperienza.

Davanti agli affreschi della cappella Sistina in Vaticano o a quelli della cappella degli Scrovegni a Padova, c'è chi rimane senza parole, c'è anche chi resta indifferente. Davanti a un tramonto che solo la laguna di Venezia può offrire (un po' di campanilismo non fa mai male), c'è chi non trova il fiato nemmeno per respirare, c'è chi con molta più praticità guarda l'orologio con la paura di far tardi a cena. Davanti alla persona amata che mostra il suo volto sorridente e rassicurante, c'è chi sa rispondere ricambiando il sorriso mentre il cuore va in tachicardia, c'è invece chi pensa di poterne approfittare per ottenere qualcosa.

È chiaro il discorso? Il contrario dello stupore è proprio la stupidità. Lo stupido non si meraviglia di niente. Misura e pesa tutto. Crede che tutto gli sia dovuto. Lo stupore è invece accorgersi che tutto è gratuito, tutto è dono. Stupore è alzarsi tutte le mattine con il desiderio di vivere, perché ogni giorno è una straordinaria sorpresa. Per coltivare lo stupore bisogna non vedere le cose, le persone, i fatti, come tante scatole esposte negli scaffali di un supermercato, ma come segnali di una presenza bella, grande e buona: la stessa presenza di Dio. Ecco, per sapersi stupire bisogna saper guardare tutto con la trasparenza di Dio.

Meravigliato e riconoscente. Come durante una camminata in montagna, lungo il sentiero che porta alla cima o al rifugio, per stemperare un po' la fatica si trova la scusa di osservare il panorama, così quando la fatica della vita e i limiti che vengono dall'età e dalla salute, si fanno sentire, è opportuno fermarsi e guardare i passi percorsi: mi guardo attorno e mi accorgo di aver vissuto esperienze che, anche se inaspettate, alla fine si sono rivelate parte integrante di un disegno di amore che continua ad avvolgermi. Non si tratta di fermarsi e guardare indietro, come è stato per la moglie di Lot, con la tentazione di guardare ciò che si lascia invece che essere riconoscenti per ciò che si trova. Ogni scelta comporta un lasciare e un ricevere, ma è il desiderio di trovare qualcosa di più grande e più appagante che non toglie la fatica, ma la sublima, la trasforma in meraviglia, trasforma il "tirare avanti" in "andare avanti" con gli occhi ben fissi sull'obiettivo da raggiungere, con la consapevolezza che, come diceva Gregorio di Nissa, la vita vissuta in pienezza "è andare da un inizio ad un altro inizio passando per tanti inizi". Quindi, mai appagati di vivere! E di vivere bene!

Ho incontrato tante persone e conservo nel cuore i volti e i sorrisi di molti di coloro che ho incrociato per strada. Ho vissuto la vita di parrocchia prima come vicario, adesso come parroco (è la terza comunità che mi viene affidata in poco meno di vent'anni), ma ho avuto anche il dono di far parte degli educatori del Seminario e di essere guida per coloro che si mettono alla ricerca della propria vocazione. Ci sono stati tanti momenti di gioia e tanti di fatica, non ho mai pensato di aver sbagliato strada, e neanche della sicurezza che la mano del Signore mi accompagna sempre. Mi è stato chiesto dal vescovo di dedicarmi allo studio e all'insegnamento e anche questo è stato un dono grande, anche se non è facile mettere insieme la dedizione alla scuola e la passione per una comunità cristiana viva e in cammino.

Qualche tempo fa, da un particolare momento di fatica è nata una preghiera "di sfogo", che sicuramente mi ha fatto molto del bene, soprattutto perché quello "sfogo" ha avuto la conseguenza di farmi gustare ancora di più la grazia di Dio che passa attraverso l'affetto delle persone. Per questo mi piace riportarne alcuni tratti:

«Signore Gesù, ho bisogno del tuo aiuto. La mia fatica nasce dal fatto di vivere delle giornate che mi mettono sempre di fronte ai miei limiti e nello stesso tempo mi mostrano la bellezza di provare, di vincere la tentazione di nascondere sotto terra quel talento che mi hai affidato. Non sempre mi rendo conto che proprio questa tensione tra i miei limiti e la bellezza della vita sacerdotale, mi chiede un vero atto di fede, mi chiede lo sforzo di abbandonarmi a te: so che mi sei vicino! Ma… come posso essere più sereno o cercare la tua consolazione, quando mi trovo a vivere le mie giornate fatte di tanti impegni e di tanti incontri, in un mondo che propone uno stile di vita ben diverso dal voler essere dono? Talvolta mi chiedo: Signore, davvero mi sei vicino quando sento la fatica di "celebrare", quando mi trovo davanti al mistero della morte che entra prepotente nella vita di tante famiglie, quando mi trovo a preparare le lezioni a tarda sera, se non di notte, cosa, che man mano che il tempo passa, non riesco più a fare?

E tu, Gesù, ancora una volta mi rassicuri, dicendomi: "Ti sono vicino, davvero! Io piango con le lacrime di chi piange una persona cara che non c'è più, gioisco con i giovani che si promettono amore, con tutti i bambini che si aprono alla vita. Sono presente nelle parole che escono dalla tua bocca per nutrire i fedeli, anche se tu non te ne accorgi. Ogni volta che celebri la Messa, mi incontri nella stessa Eucaristia che doni agli altri, mi incontri ogni giorno come quel giorno in cui hai celebrato per la prima volta, quel giorno in cui hai detto "sì". Ero allora con te, e lo sono ancora oggi. Trova in me la forza di cui senti il bisogno!".

Allora, Signore, dammi il vero pane che sfama, aiutami a vedere là, dove io non riesco a farlo, la tua mano che mi sorregge: così posso continuare a dire quel "sì" che ho pronunciato un giorno. La mia fatica e la mia gioia, la mia vita "*nella buona e nella cattiva sorte*", trova il suo vero significato nell'orizzonte della tua morte e risurrezione. Signore, grazie delle gioie e anche dei momenti di fatica: aiutami solo ad accettarle come hai saputo fare tu, come gesto d'amore, non per semplice convenienza. Spesso mi è difficile rinunciare alla mia autosufficienza. Invece solo accettando il mio limite posso riconoscere di aver davvero bisogno di te e raccogliere le ceste di pane avanzato. Spetterà anche a me vigilare perché niente vada perduto! Grazie!».

Meravigliato e riconoscente: tante sono le persone che ho conosciuto e tanti sono coloro che sento il desiderio di ringraziare. Ho voluto farlo con questa raccolta di riflessioni che hanno segnato la mia esperienza di prete, soprattutto in questi ultimi anni in parrocchia: spero sia una cosa gradita e un bel modo per ricordare.

don Luigi

Prima parte

Riflessioni sull'anno liturgico

Avvento e Natale

Tempo di Avvento

Lettera aperta a Gesù (bambino)

Una lettera a Gesù (bambino)? Ma non è un po' troppo presto? A Natale non manca ancora più di un mese? È vero! Ed è per questo che ho messo tra parentesi la parola "bambino". Poi, sono stanco di sentirmi fare gli auguri di buon Natale dagli inizi del mese di ottobre (non dico da quale pubblicità per non darle ulteriore evidenza). Ho la netta sensazione, anzi ne sono davvero convinto, che si sta pensando al Natale senza pensare a Gesù. Forse la pubblicità coglie nel segno quando ci fa gli auguri in anticipo, proprio perché ha capito che anche noi cristiani di Gesù a Natale ci interessa ben poco? In questo caso, ben venga la pubblicità! Io, comunque, una lettera a Gesù "non più bambino" desidero scriverla ugualmente.

Caro Gesù,
ti scrivo per diversi motivi. Prima di tutto perché so che tu mi leggerai di sicuro e che la mia lettera non farà la fine del tuo vangelo, quella lettera d'amore, che non apriamo troppo spesso. Poi perché so che non ti fermi a fare l'analisi di ciò che scrivo. Tu vai sempre alla radice e sei imbattibile a leggere tra le righe il mio cuore gonfio di paure e di speranza, di preoccupazioni e di tenerezza.

Ti scrivo perché rispondi sempre e non passi nulla sotto silenzio. Non c'è volta che tu ti rifiuti di ricambiare il saluto: con gli altri, lo sai, non sempre è così. Ma soprattutto ti scrivo perché so che a Natale ti incontrerai con tantissime persone che verranno a salutarti. Beato te che le puoi chiamare tutte per nome. Io non ci riesco.

Dal momento, però, che passeranno a trovarti, se non nell'Eucaristia e nei sacramenti almeno nel presepio, perché non suggerisci loro, discretamente, che non te ne andrai più dalla terra e che, pur recandoti altrove per i tuoi affari, hai un recapito fisso nella tua Chiesa, dove ti potranno incontrare ogni volta che lo vorranno?

E, a proposito di recapito, non pensi che la tua Chiesa, il cui grembo hai deciso di abitare per sempre dopo aver abitato per nove mesi quello di tua Madre, abbia bisogno di restauro? Si tratterà, caro Gesù, di restauri costosi, perché da ricca deve diventare povera, da superba deve diventare umile, da troppo sicura di sé deve imparare a condividere le ansie e le incertezze degli uomini, deve diventare come la fontana del villaggio… è la strada che tu hai mostrato e che papa Francesco ci sta richiamando! Chi è un po' distante dall'ambiente ecclesiale pensa che sia un restauro sotto costo, perché si tratta di ridurre invece che di accrescere. Invece io so che occorre uno di quegli stanziamenti fortissimi della tua grazia, perché, se no, non se ne farà nulla.

E visto che mi sono messo sulla strada delle "raccomandazioni", posso approfittare dell'amicizia per fartene qualche altra? Aiuta me e i miei fratelli sacerdoti e diaconi a lasciarci condurre dallo Spirito Santo, Spirito di libertà e non di soggezione, di giustizia e non di dominio, di comunione e non di rivalità, di servizio e non di potere, di fratellanza e non di concorrenza. Dona ai miei fratelli e sorelle laici la gioia di te, che fai "nuove tutte le cose", ispira in loro i brividi delle cose che iniziano, la freschezza del mattino, l'intuito e la fiducia del futuro. Vinci nella nostra comunità la paura del vuoto, l'impressione che si campi solo sulle parole, il sospetto che, di coraggioso, amiamo solo le immagini. Metti nel cuore di chi sta lontano una profonda nostalgia di te.

Asciuga le lacrime segrete di tante persone, che non hanno il coraggio di piangere davanti agli altri. Entra nelle case di chi è solo, di chi non attende nessuno, di chi a Natale non riceverà neppure un biglietto d'auguri e, a mezzogiorno, non avrà qualcuno con cui condividere il pranzo. Gonfia di speranza il cuore di tutti.

Buon Natale con molto anticipo caro fratello Gesù… tu che vivi e regni per sempre!

Affettuosamente, tuo don Luigi

Sorpresa!

«*Come furono i giorni di Noè, così sarà la venuta del Figlio dell'uomo*». Per quanto la scienza si evolva e faccia passi da giganti, un sisma o un fenomeno come quello dell'acqua "granda" a Venezia, sono difficilmente prevedibili in tutta la loro potenza distruttiva. Posso guardare il meteo per organizzare una gita, ma non posso sapere con esattezza se pioverà, se farà freddo o caldo; posso programmare un viaggio in occasione delle feste di Natale, ma che succeda qualcosa che mi costringa a cancellarlo, non posso prevederlo.

Questa è la stessa imprevedibilità del diluvio universale, prima del quale ognuno faceva la propria vita, dalle cose più ordinarie (mangiare e bere) a quelle più importanti (sposarsi), ed è la stessa imprevedibilità di quando tornerà il Figlio dell'uomo. Si tratta di un ritorno poco presente nella vita dei credenti. Mi chiedo: ci ho mai pensato? Mentre prendo il caffè o mi reco al lavoro, mi è mai venuto in mente? A me, no! Il ritorno del Figlio dell'uomo (Gesù per gli amici) è troppo aldilà, ancor più della vita eterna, che già ci dà da pensare.

Questo test è così vero e reale, che il ritorno di Gesù coglierà di sorpresa. Inaspettato, come inaspettata fu l'incarnazione del Verbo, la sua nascita da Maria; come inaspettata fu ogni parola, ogni insegnamento, ogni gesto nella vita del Signore. Inaspettato, come quel pane dato, quel vino versato: tutto è inaspettato nel vangelo, perché nulla è preconfezionato. Tutto viene realizzato in base alle esigenze di ciascuno, in base alle mie esigenze di oggi.

«*Allora due uomini saranno nel campo: uno verrà portato via e l'altro lasciato*». Il campo, come la mola, nell'altro esempio del vangelo, sono due luoghi di lavoro e di fatica, luoghi fondamentali per passare dal terreno alla spiga, dai chicchi di grano alla farina. Quando il lavoro è concluso, l'operaio torna a casa. Siamo tutti operai e servi della Provvidenza di Dio, e quando il lavoro assegnato a ciascuno è portato a termine, torniamo a Casa: verremo portati via, perché il desiderio del Padre è avere la casa piena di figli e figlie che finalmente avranno il compenso di tanta fatica, si potranno riposare e fare festa. Verrà lasciato chi deve completare il proprio lavoro, beneficiando di quello che hanno fatto gli altri prima di lui; in questo avvicendamento possiamo leggere tutta la storia dell'umanità, dalla creazione ad ora, lungo i secoli e i millenni il lavoro di ognuno diventa il modo per essere fattivi collaboratori di chi il mondo lo ha creato e salvato.

«*Vegliate dunque, perché non sapete in quale giorno il Signore vostro verrà*». Sarà un ritorno inaspettato, e Gesù ci dice di vegliare, o meglio ancora di essere ben desti, svegli, attenti. Ci sono almeno due modi di vivere questo atteggiamento: sono sveglio, attento, aspettando qualcuno o qualcosa fuori di me, all'esterno; normalmente questo genera ansia, mi agito per il ritardo, mi preoccupo su dove dovrò andare, cosa succederà, cosa dovrò dire, come comportarmi; sono sveglio e attento in tutto ciò che sono e faccio, sveglio per me stesso, attento a essere presente e non disperso in mille cose. Una vigilanza interiore che diventa stile di vita, buona abitudine. Questa non porta ansia, ma al contrario pace e serenità.

Ancora una volta gli insegnamenti di Gesù e la pratica del vangelo vengono incontro alla natura dell'essere umano. Dio non interviene nella storia del mondo e nella mia storia per sconvolgere tutto, ma per portare a compimento, per dare a me e a te la gioia di vivere per Lui, nella pace.

«Cercate di capire questo: se il padrone di casa sapesse a quale ora della notte viene il ladro, veglierebbe e non si lascerebbe scassinare la casa». Un'immagine davvero brutta e negativa quella del ladro: nessuno di noi desidera una sua visita, nessuno ha il suo numero in rubrica, nessuno lo invita. Gesù tuttavia non porta il ladro come esempio, ma l'atteggiamento del padrone di casa: tutte le sere chiude bene le porte di casa, si assicura che i propri cari siano protetti. Lui non sa se e quando verrà il ladro, ma fa di tutto perché questo non avvenga. La vigilanza è quella virtù che viene richiesta e prescritta dal Signore. Vigilanza interiore che mi rende la persona giusta al momento giusto, non un distratto passante, ma un attento e premuroso amico per chi mi è vicino, un collega preciso e cordiale, un familiare che sa donare tutto sé stesso per il bene dei suoi cari... continua tu, collocando te stesso negli ambiti in cui operi e agganciando gli aggettivi migliori.

Vigilanza e presenza sono sinonimi: se vigilo sono presente, e Dio non tarderà ad esserlo anche Lui, presente in tutto ciò che faccio, che dico, che vivo. Il suo ritorno sarà improvviso e inaspettato, ma mi troverà, e il nostro abbraccio sarà per sempre.

Memoria, invocazione, attesa

Avvento è parola che indica attesa di qualcuno che sta per venire. Il mistero del Figlio di Dio che si fa carne, atteso e realizzatosi in un determinato momento della storia, continua ancor oggi a realizzarsi nella vita di tutti gli uomini. Questo tempo liturgico propone, annunciandola, la storia della salvezza con la quale si mostra che il Dio dell'Avvento è il Dio della storia, che rivela il suo volto in Gesù di Nazareth. Cristo è venuto, si è manifestato e rivelato agli apostoli e ai testimoni prescelti da Dio come colui che risorge dalla morte: così l'Avvento diventa attesa della Pasqua.

L'Avvento, mentre ci annuncia la verità profonda e misteriosa della venuta di Dio nella carne degli uomini, sottolinea l'impegno missionario della Chiesa perché si realizzi al più presto il regno di Dio. Infine, questo tempo richiama il credente a essere preparato per l'ultima venuta. È il tempo nel quale viene fortemente evidenziata la dimensione escatologica del mistero cristiano: il Signore Gesù, apparso un giorno nella nostra carne, ritornerà glorioso negli ultimi giorni.

"Fare Avvento" significa allora fare **memoria** di Gesù venuto in mezzo a noi più di duemila anni fa, significa annunciare e **invocare** la sua presenza in mezzo a noi ogni giorno, è **attesa** del suo ritorno alla fine della storia. Nel progetto di Dio, nella sua eternità, il nostro tempo, fatto di passato, presente e futuro, è sempre "contemporaneo": l'immagine che può aiutarci a "capire" questa verità è quella del **pendolo**, che oscillando tra passato e futuro, non solo mostra lo scorrere del tempo, ma anche la sua continuità.

Dio nel passato ha fatto all'uomo delle promesse (che riascolteremo nelle profezie dei profeti, soprattutto di Isaia) e le ha proiettate nel futuro per la loro più piena realizzazione (quando Gesù ritornerà nella sua gloria): nel frattempo non ci ha lasciati soli. Gesù, nato a Betlemme, vissuto a Nazareth, morto e risorto a Gerusalemme, è con noi ogni giorno, dandoci così la forza per vivere bene il nostro presente, rendendo sempre più "mantenute" le promesse di Dio.

Cambiare il modo di vedere

Guardare e vedere: due verbi che si riferiscono all'occhio, ma che possiedono un valore diverso, anche se ugualmente importante e utile.

Le lingue antiche hanno sempre distinto queste due fasi dell'osservazione umana, riconoscendo particolare profondità al verbo guardare, compreso non come un semplice girare gli occhi attorno per cogliere gli attimi delle cose e delle persone, ma esattamente come un posare lo sguardo, un fare attenzione per cogliere dall'interno il palpitare della vita.

Il cristiano, in Avvento, deve passare dal vedere al guardare. Tante volte, ad un primo sguardo, le cose e le persone ci appaiono molto semplici. Se invece ci mettiamo a osservarle più attentamente, allora si rivelano più complesse e ricche; spesso mostrano un mondo insospettato che ci affascina. Èun'esperienza che ognuno può fare nella vita quotidiana.

Avviciniamo tante persone senza far loro caso, ma quando incominciamo a prestare loro attenzione, finiamo per stupirci della ricchezza spirituale che si nasconde sotto un aspetto semplice e usuale. Anche i fatti, che possono sembrare abituali, possono essere invece portatori di significati più profondi.

Il ripetitivo, quello che avviene ogni giorno, ciò che abbiamo senza fatica, sembra di poco valore, scontato, ovvio. Così ci passano davanti persone ed eventi di cui scopriamo tutta la bellezza solo quando vengono meno.

Celebrare l'Avvento e il Natale può essere ogni anno la stessa "solfa", se non cominciamo a guardare con l'occhio di Dio.

Guardiamo a fondo, per addentrarci nel meraviglioso disegno di Dio e meravigliamoci insieme di essere anche noi parte indispensabile e libera di tale disegno.

Proviamo a cogliere sempre il lato positivo delle persone che incontriamo: guardarle significa attenderle e dar loro la possibilità di mostrare quello che sono. Uno sguardo d'amore può cambiare una vita, uno sguardo d'odio può solo cominciare a distruggerla.

Ci sono sguardi che spingono a dare il meglio di sé, e altri che gelano ogni risorsa. Lo sguardo di Dio vede, ama e perdona, anche il nostro può fare altrettanto.

È certo! Uno sguardo trasforma la vita in un modo o nell'altro, nel bene o nel male.

Farsi prossimo nella carità

Vivere la carità non è certo una prerogativa dell'Avvento: deve essere un atteggiamento che ci accompagna ogni giorno.

Ci capita spesso, camminando per strada, di incontrare qualche bambino che ci tende la mano, oppure di pensare agli orrori della guerra e ai poveri innocenti che muoiono, o anche di scandalizzarci perché molti bambini muoiono di fame. È vero! Possiamo scandalizzarci, magari chiederci perché Dio non faccia niente per aiutare questa gente.

Sentire compassione, però, non è solo un risveglio di buoni sentimenti. Nel vangelo la compassione indica la tenerezza di Dio per ogni uomo. Quando sentiamo compassione dobbiamo subito pensare che il nostro cuore è attratto nella stessa misericordia con cui Dio ci ama tutti.

La carità non si può separare dalla vita di fede di un cristiano. La preghiera più grande che è il celebrare l'Eucaristia è la fonte di ogni servizio, è partecipare alla missione della Chiesa intera. Siamo Chiesa, diventiamo comunità, se viviamo la carità, non a parole, ma con i fatti.

Non devo cercare l'oggetto della mia carità, devo abituarmi ad essere il "prossimo" di chi incontro ogni giorno. Vuoi sapere se vivi veramente la carità? Chiediti se sei disposto a sacrificare te stesso per l'altro. Se non è così, l'altro è solo un oggetto della tua carità.

Anche la carità può avere dei limiti, "un passare oltre": sono la fretta e la paura di perdermi, la paura di non avere più tempo. Paura e fretta possono diventare un alibi difficile da smuovere.

Talvolta si ritiene che la carità sia qualcosa da delegare agli altri, a chi ha più tempo, doti e capacità. La carità invece chiede il contributo di tutti, per essere quotidiana e non occasionale.

Tutto questo richiede un'abitudine e una convinzione alla collaborazione, cioè al lavorare insieme, a sentirci stimolati a non fermarci ai risultati, ma ad andare sempre oltre.

Tempo di attesa

"Fate attenzione, vegliate, perché non sapete quando è il momento. È come un uomo, che è partito dopo aver lasciato la propria casa e dato il potere ai suoi servi, a ciascuno il suo compito, e ha ordinato al portiere di vegliare". (Mc 13, 33-37)

Il senso dell'attesa è legato al "cosa" o "chi" si attende. L'attesa presuppone un incontro, un entrare in rapporto con una situazione o con una persona.

Questo incontro sollecita uno stato di trepidazione, l'aspettativa che dopo l'incontro qualcosa cambi della nostra esperienza di vita, sia esso un cambiamento profondo o un mutamento dello stato d'animo. Insomma, l'attesa può rappresentare uno stile di vita: è il senso di avere sempre qualcosa da aggiungere all'oggi, qualcosa da considerare come crescita verso una mèta.

Sta dentro il senso dell'attesa l'idea del cammino; l'attesa non è passività, non è immobilismo e quindi chiusura in se stessi, ma è apertura ad un incontro, disponibilità ad aprirsi alle ricchezze che ne derivano, disponibilità a modificarci nel dopo, ad essere diversi di prima.

Come nell'esperienza della gravidanza. Sì, pensando all'attesa, la prima immagine che viene in mente è proprio quella del tempo della gravidanza. Tempo dove le certezze della vita precedente vengono abbandonate, dove la trepidazione è quotidiana, sia per la preoccupazione sull'andamento della gravidanza stessa, ma anche perché sappiamo che domani sarà diverso da oggi e che nulla è scontato e che anche la migliore preparazione è inadeguata a rappresentare la realtà che si sta vivendo, ogni giorno diversa.

E se la gravidanza è preparazione per il dono che si porta in grembo, la nascita rappresenta il momento atteso, l'incontro con l'altro, il momento dopo il quale la vita di due sposi cambierà radicalmente e non solo per gli aspetti ovvi della quotidianità, ma soprattutto perché saranno persone nuove, non più solo sposi, ma genitori. E il cambiamento non è nell'etichetta, cioè nei diversi doveri che ne derivano, ma nella sostanza dell'essere fisicamente partecipi della "maternità e paternità con Dio", co-creatori con lui.

La fisicità è proprio il modo scelto da Dio per essere con l'uomo, attraverso l'incarnazione, la condivisione totale dell'esperienza dell'uomo, segno chiaro dell'amore senza limite verso la creatura. Per due sposi donare la vita significa donare qualcosa di grande, la vita stessa, rinunciare cioè a se stessi per consentire all'altro di volare con le proprie ali verso un futuro di cui non si è artefici. È il senso pieno del dono gratuito che vivono due genitori.

Avvento quindi come cammino, come attesa nella preparazione dell'incontro con il nuovo venuto, ma anche come silenziosa accoglienza, nella consapevolezza che tale momento ci interroga su quale strada stiamo percorrendo verso il Padre. E, come l'attesa di un nuovo nato interroga sulle scelte importanti della vita non più "solo" da sposi, ma ora "anche" da genitori, così l'attesa dell'incontro con Gesù bambino ci interroga sui nostri *sì* e i nostri *no* al piano di Dio.

L'avvento diventa per noi un metterci in cammino verso la conversione del cuore per essere pronti ad un cambiamento di vita, per superare la pesantezza della nostra umanità e riscoprire, nello stupore dello sguardo di un bambino, che siamo in cammino

Una strada nel deserto

Ecco, dinanzi a te io mando il mio messaggero: egli preparerà la tua via. Voce di uno che grida nel deserto: Preparate la via del Signore, raddrizzate i suoi sentieri". (Mc 1, 1-8)

Ogni anno, quando inizio il cammino del tempo di avvento, trovo come compagno di viaggio Giovanni il Battista, che mi viene incontro *predicando un battesimo di conversione per il perdono dei peccati*; viene verso di me forte non tanto delle armi di convinzione che oggi vanno per la maggiore: bella presenza, abiti di prestigio, auto di lusso, ma con la forza di chi è in comunione con Dio e lo vuole comunicare agli altri.

Giovanni con la sua missione e le sue esortazioni *prepara la strada del Signore* e mi sembra di intravedere in lui il sacerdote che in parrocchia ogni giorno e ogni domenica mi *chiama alla conversione*.

Anche lui mi viene incontro senza utilizzare effetti speciali, ma con la gioia che il vangelo trasmette. Quante volte l'ho sentito ripetere le stesse cose che Giovanni comunica con tutta la sua forza lungo il fiume Giordano: "*Cambia vita, non fatti mancare momenti di silenzio per ascoltare la voce di Dio, non essere attaccato al denaro e alle cose, liberati dai tanti bisogni che tendi a considerare irrinunciabili, ma di cui potresti benissimo fare a meno e che portano lontano dal vangelo*".

Già da tempo i mezzi di comunicazione, sempre più raffinati, fanno nascere in me falsi bisogni, funzionali solo al consumo. A pensarci bene, conosco un certo numero di Giovanni che, senza rendermene conto, *mi indicano la strada verso il Signore*. La verità è che spesso non vedo facilmente negli altri le loro qualità migliori o non ne apprezzo le doti, a volte per invidia, a volte per superficialità. Capita, ad esempio, che non riesco a riconoscere la bontà e l'amore che certe persone esprimono, lo stile di vita che le rendono testimoni del Vangelo, come Giovanni.

Come posso tradurre, nella mia realtà, l'esortazione di Giovanni: *nel deserto preparate la strada del Signore*? Come è possibile trovare il deserto nella mia caotica vita? Il bisogno e la ricerca di Dio, ad un certo punto della mia vita, è stata una costante nei miei pensieri, ma questo non vuol dire che io abbia già preparato la strada del Signore nel mio cuore.

Anzi, a me sembra che ci possano essere due interpretazioni del *deserto di Giovanni*, due modalità di vivere il deserto e la conversione, ma entrambe richiedono una determinazione che io non posso dire di aver avuto completamente.

Il primo è quello che il giogo quotidiano, fatto di mille preoccupazioni e impegni, il lavoro, la responsabilità educativa, la gestione della casa e della famiglia, i figli, può mettermi in crisi, se non viene spezzato da momenti, costanti e frequenti, di deserto, cioè di silenzio; momenti in cui ascolto me stesso, le mie esigenze, momenti in cui lascio da parte i miei pensieri, per lasciare spazio all'ascolto di Gesù e all'amore del prossimo.

Il secondo significato è più difficile da sperimentare, ma è quello che consente di cambiare davvero vita, perché spinge a pensare in modo nuovo e a un cambiamento radicale del proprio stile di vita. Se per la fatica, il dolore, le difficoltà, mi trovo in uno stato di autentica povertà e umiltà, di solitudine, e mi sento come il deserto, arido e vuoto, in questa situazione la preghiera passa nel cuore e non nella testa, e sento la vicinanza di Dio e il suo sostegno. La paura si attenua e ritorna la speranza.

Testimoni della luce

Dio mandò un uomo, si chiamava Giovanni. Egli venne come testimone della luce, perché tutti gli uomini, ascoltandolo, credessero nella luce. Non era lui la luce: era un testimone della luce...". (Gv 1, 6-8.19-28)

Ora, come allora, non è semplice comprendere la presenza viva di Dio tra gli uomini e occorre che qualcuno si faccia testimone di quell'amore che, con la sua luce, illumina tutto e tutti. Qualcuno che sappia di non essere testimone di se stesso, ma di qualcun altro.

Anche noi, in tante occasioni della nostra vita, siamo chiamati a dare testimonianza: a volte decisamente e volutamente, a volte casualmente e in maniera quasi inconsapevole. Cristo ha parlato al cuore di qualcuno attraverso il nostro modo di parlare e di vivere.

Cristo non ha braccia, mani, piedi, voce, se non gli permettiamo di servirsi delle nostre membra, se non ci offriamo per il compito al quale lui ci chiama.

Non sempre la nostra testimonianza è chiara come quella di Giovanni: pensiamo soprattutto quando siamo chiamati ad essere testimoni d'amore per i nostri figli. Le nostre debolezze e le nostre mancanze hanno testimoniato assai poco di Dio. Confidiamo però che egli riesca a fare di noi dei testimoni di amore e luce, nonostante le nostre piccolezze e le carenze di ogni giorno, perché egli è capace di riempire di sé le nostre buche. Affidato a lui, anche ciò che umanamente risulta scarso può portare frutti abbondanti e inaspettati.

Quando interrogano Giovanni, egli dice prima di tutto chi non è: non è un'autorità (né Elia, né il Messia, né il profeta). Se toccasse a noi rispondere, sono tanti i "non sono..." che vengono in mente: non sono un testimone credibile, non sono coerente con il disegno di Dio su di me ogni giorno della mia vita...

"*Chi sei dunque... cosa dici di te stesso?*". Egli è "**voce**", cioè testimone, ed è perciò chiamato ad una consapevolezza del suo compito e a rendere conto della sua speranza. Oggi, come ai tempi del Battista, chi segue Cristo possiede qualcosa che il mondo non comprende e che pone domande che inquietano il cuore e la mente. "

"*Io sono la voce di uno che grida nel deserto: spianate la strada per il Signore...*". Capita, a volte, che il deserto in cui si grida sia quello del proprio cuore, lì dove, nonostante la presenza di Cristo sia più vicina a noi, sono più forti il silenzio e il vuoto che ci circondano. In tanti momenti della nostra esistenza e di quella delle persone che incontriamo, la strada sulla quale Dio dovrebbe avere spazio è occupata da pensieri e da attenzioni estranee. La cura del quotidiano assorbe talmente il tempo e le attenzioni della gente che si ha l'impressione di vite non vissute con serenità e nelle quali non c'è spazio per le aspettative degli altri. Eppure Dio non smette di inviarci testimoni della fede e della carità, persone importanti e persone semplici che, nel dono di sé e in una vita cristianamente vissuta, ci raccontano l'impegno e la bellezza della vita spesa per ideali grandi. Basta sfogliare il calendario per scoprire una "galleria" di ritratti esemplari di vita cristiana: martiri, confessori della fede, santi della carità, operatori di pace... Ma questo calendario non è completato. Anche oggi esistono i martiri (testimoni) della pazienza, della persecuzione, del volontariato, della passione civile, dell'annuncio cristiano. Il nostro tempo, spesso dominato dall'apparenza è affamato di testimonianza. I testimoni hanno un vantaggio: sono spesso facilmente leggibili. Basta guardare la loro vita per assaporare un pane che nutre e un'acqua che disseta.

Speriamo di avere il cuore aperto per riconoscere quei testimoni della luce che il Signore invia sul nostro cammino e per riuscire anche noi ad esserlo, con serenità e come Dio vorrà.

Maria, Donna vera

In quel tempo, l'angelo Gabriele fu mandato da Dio in una città della Galilea, chiamata Nazaret, a una vergine, promessa sposa di un uomo della casa di Davide, di nome Giuseppe. La vergine si chiamava Maria. Entrando da lei, disse: "Rallégrati, piena di grazia: il Signore è con te". A queste parole ella fu molto turbata e si domandava che senso avesse un saluto come questo". (Lc 1,

26-28)

La lettura odierna suscita in noi sentimenti diversi, a volte contrastanti, forse dettati da un approccio poco approfondito delle verità di fede della nostra religione cristiana. Devo confessare che non è facile accettare certe immagini di Maria. Appena si parla di lei—e questo è forse è un limite della catechesi che mi è stata trasmessa e che si fa fatica a rielaborare -, mi appare davanti una donna "angelicata", molto distante dalla nostra vita quotidiana. Mi rendo conto che Maria, nella gloria, è una figura di luce abbagliante, da rimanere estasiati. Ma, prima, non è vissuta su questa terra come una donna "normale", anche se preservata da ogni forma di peccato? Questo "privilegio" non l'ha preservata dal dolore, dalle preoccupazioni della maternità, dal lavoro quotidiano, dal camminare anche lei nella fede. Fatico davvero ad accettare Maria di Nazareth come una donna quasi "irreale", perché sono convinto che, per vivere il ruolo di moglie e soprattutto di mamma c'è bisogno di una donna vera, reale.

Per questo, per entrare meglio nella persona e nel ruolo della Vergine, siamo ripartiti dal vangelo propostoci questa domenica. La prima cosa che abbiamo notato di Maria è che essa entra nel vangelo mentre sta ascoltando, in silenzio. Pensiamo che questo atteggiamento sia quello più giusto per metterci davvero in comunicazione con il Signore, con le altre persone e con tutte le creature.

Successivamente, Maria ha una relazione normalissima davanti a ciò che le accade e a ciò che le viene proposto: ha come un attimo di smarrimento, del tutto simile a quello che anche noi proviamo davanti agli avvenimenti che la vita ci propone e attraverso i quali spesso ci sorprende.

Rileggendo di tanto in tanto la nostra storia alla luce del Vangelo, ci accorgiamo quanto spesso Dio ci ha presentato i suoi progetti e ci ha dato in Maria la chiave per interpretarli e per accettarli. Maria per noi è speciale perché, nel suo tempo, è stata una grande donna ebrea, che ha vissuto piena di fede, di forza e di amore e che davanti all'angelo che le parlava è stata colta da un "attimo" di smarrimento. In questo tempo di Avvento vogliamo festeggiare il suo coraggio per aver accolto il disegno che Dio ha voluto realizzare attraverso di lei. E questo pensiero ci piace perché ad esso possiamo ricondurre anche le nostre decisioni personali.

"*L'Altissimo ti coprirà con la sua ombra*": è confortante e dà speranza pensare che la mia vita come quella di ogni nostra famiglia sia sempre benedetta dalla mano del Signore che ci "*copre come un'ombra*" col suo Spirito Santo e ci accompagna in ogni giorno. Qui possiamo ricondurre proprio la nostra vita al vangelo perché il Signore si rivela nelle cose semplici senza sfoggio di grandezza, senza clamore; il Signore ci è accanto anche nella nostra vita distratta. E lo vogliamo ringraziare perché ha scelto Maria, una ragazza qualunque, di un paesino sperduto, che ha accettato di vivere il suo progetto, che ha cresciuto suo figlio Gesù e che insieme a lui ha condiviso la nostra fragilità umana.

La risposta di Maria all'angelo la rende una credente straordinaria e un esempio per tutti noi: "*Eccomi, sono la serva del Signore*". È lei stessa che si proclama serva di Dio, che accetta di far parte del progetto del Signore. Così anche noi possiamo aderire al suo disegno con la stessa libertà con cui Maria ha detto il suo sì.

Tempo di Natale

"Dove sei?"

"Dove sei?". Una domanda antica, senza tempo, che esce dal cuore di Dio e bussa al cuore dell'uomo.

Natale non è una fiaba per bambini, non è un momento che ci fa tornare buoni e poi, passato il Natale, torna la stessa sensazione da adulti che tutto resta o ricomincia come prima.

"Dove sono?". Una domanda sempre attuale, che esige una risposta, che esce dal cuore dell'uomo e bussa al cuore di Dio.

Natale, oggi, è una SFIDA: il "Dove sei?", che diventa "Ti ho trovato!", il "Dove sono?", che permette di "lasciarsi trovare".

È la sfida di Dio, lanciata al male che c'è nel mondo: è luce che rompe il buio, è gioia che non cancella le difficoltà, ma che dà la possibilità e la forza di affrontarle senza aver paura, nella consapevolezza dei propri limiti.

È la sfida dell'uomo, lanciata a se stesso, per vivere la sobrietà, la giustizia e il rispetto per tutti.

È una sfida che entra nella storia: vi è entrata allora, vi entra oggi. Una sfida che entra con forza nella vita di ogni persona offesa, disprezzata, abbandonata e messa in disparte.

È una sfida a scoprire la semplicità che abbiamo smarrito e che, ritrovata, ci mette in armonia con noi stessi, con gli altri, con il creato, con Dio.

Desidero rendervi partecipi di alcuni pensieri fatti guardando il presepio. C'è un film di cartoni animati di qualche anno fa, dove il protagonista, con una parola magica, entra nel presepio. Quest'anno abbiamo anche noi la possibilità di far vivere quello che è solo un segno.

Di solito il presepio lo osserviamo da fuori e decidiamo, secondo i gusti, se è bello o no.

Oggi, e mi rivolgo a tutti e a ciascuno in particolare, entra nel presepio, fanne parte, non da spettatore, ma da protagonista. Entra nella grotta e contempla il bambino, pensando che il cielo non sia solo un pezzo di stoffa celeste, ma il vero orizzonte che si apre sul mondo, sul nostro mondo.

Allora quello che è stato solo promesso tanti anni fa, comincia a realizzarsi non nelle statuine, ma nella tua vita reale. Davanti al bambino Gesù cerca di vedere l'amore di Dio per te, un amore che non ti chiede niente, solo che tu lo ricambi. È l'occasione di sentirti dire "Dove sei?" e di rispondergli, magari un po' emozionato, "Sono qui! Non mi sono nascosto, sono davanti a te!".

Prendi il posto dei pastori nella loro prontezza a muoversi. Accetta di sostituire l'asino e il bue nella loro umiltà: fanno quello che possono, ma lo fanno bene! Mettiti in viaggio con la curiosità dei Magi: basta chiedere e la strada la si trova! Scambia la tua fretta con la pazienza di Giuseppe e fatti contagiare dalla tenerezza di Maria. Ricambia, infine, il dolce sorriso del bambino.

Diceva un maestro dell'ebraismo: "Se vuoi sollevare un uomo dal fango, non credere di poter restare all'asciutto e di accontentarti di stendere la mano. Devi scendere nel fango. Allora afferralo con le mani e riconduci te e lui in salvo". Questo si è realizzato in Gesù: Dio non ha scelto di restare all'asciutto, porgendoci semplicemente una mano, ma ha voluto "sporcarsi" nel fango della nostra fragilità.

Per questo non dobbiamo aver paura! Oggi è nato per noi il Salvatore!

Essere a casa nella Chiesa

Per Maria si compirono i giorni del parto. Diede alla luce il suo figlio primogenito, lo avvolse in fasce e lo pose in una mangiatoia, perché non c'era posto per loro nell'alloggio.. (Lc 2, 1-14)

Queste parole, sempre, in modo nuovo, ci toccano il cuore. È l'esperienza della vita che nasce e che sempre sorprende. È l'esperienza di un'attesa carica di ogni promessa e di ogni desiderio. È un'attesa di molti secoli accorciata in nove mesi; è l'attesa di tutti gli uomini riassunta in quella di una giovane coppia, probabilmente inesperta come tante coppie al loro primo figlio. Le fasce sono già pronte, sicuramente lo era anche la culla fabbricata con amore e trepidazione dallo stesso Giuseppe. Ma hanno dovuto partire… le fasce erano trasportabili facilmente, la culla forse non era smontabile, di certo era ingombrante come bagaglio. Si accontentano di un po' di paglia pulita e asciutta e di una mangiatoia per animali; ma per uno che si sarebbe offerto all'umanità come pane da mangiare questa mangiatoia era già una chiara profezia.

Perché loro non trovano posto nell'alloggio? Forse un posto pieno di gente non era il luogo adatto per la riservatezza che si doveva a una partoriente; forse chi gestiva gli alloggi non voleva avere particolari problemi. Cambiano i tempi, ma non la paura che si fa spesso indifferenza e che porta a non immischiarsi nei problemi degli altri.

Erano pronte le fasce, perché il bambino potesse essere accolto bene. Ma nell'alloggio non c'è comunque posto. In qualche modo attendiamo Dio, la sua vicinanza, ma quando arriva il momento, non abbiamo posto per lui. Siamo tanto occupati con noi stessi, abbiamo bisogno di tutto lo spazio e di tutto il tempo in modo così esigente per le nostre cose, che non rimane nulla per l'altro, per Dio. Diceva qualche giorno fa Benedetto XVI: "*E quanto più gli uomini diventano ricchi, tanto più riempiono tutto con se stessi. Tanto meno può entrare l'altro*".

"***Per loro c'è posto nei nostri alloggi?***". Abbiamo vissuto l'Avvento trasformando la stalla di Betlemme in un albergo a cinque stelle. Ma queste stelle non sono il segno del lusso, del superfluo, dello spreco e dell'indifferenza: oggi, da ogni parte si parla di crisi, ma l'impressione è che non si sia rinunciato poi a niente di quelle cose, quasi sempre superflue, che ci fanno vivere un Natale sempre più esteriore. Cerchiamo almeno di non far finire in pattumiera il troppo dei nostri cenoni.

Le stelle devono essere il segno della **responsabilità**, come segno che noi abbiamo fiducia in Dio, negli altri e nel futuro; sono segno della **sobrietà**, come il saper godere delle cose semplici, accontentandosi di un tenore di vita sempre più condiviso e non solo apparente; sono segno della **gioia** che scaturisce dal saper donare, anche solo un semplice sorriso; sono segno della fatica dell'**accoglienza** delle persone che abbiamo accanto per quello che sono e non per quello che ci possono dare.

Un alloggio così, una casa così, un cuore così, sono capaci di fare spazio a questo bambino. Il senso del presepio di quest'anno nasce proprio da queste considerazioni. Una sala da pranzo… una tavola preparata a festa… un presepe sopra la tavola… il bambino Gesù dentro un pane spezzato, vicino al vino. Vuole dire la quotidianità di un avvenimento, dove il pane dice la fatica e il vino la gioia: insieme ci dicono una vita donata.

Alle pareti le risposte semplici alla domanda: come riconoscere questo Dio che si dona completamente, un Dio che è disceso dal cielo per far salire noi, un Dio che si fa uomo per mostrarci cosa significa vivere da fratelli e da persone libere? "*Avevo fame... avevo sete... ero forestiero... ero in carcere... e tu mi hai assistito! E tutto nella persone del tuo fratello o della tua sorella che hanno bisogno di te*".

C'è anche un altro significato... ma i segni sono talmente chiari che ognuno potrà trovare significati certamente più personali. La sala da pranzo di questa casa è dentro la nostra chiesa, "perché la Chiesa è ovunque a casa sua, ed ognuno deve potersi sentire a casa sua nella Chiesa" (H. de Lubac). E ogni credente, ogni cristiano in particolare, deve sentire la propria famiglia come una piccola Chiesa, dove l'amore condiviso diventa segno dell'amore di Dio.

Il messaggio del Natale ci fa conoscere il buio del mondo chiuso, e con ciò mostra senz'altro una realtà che vediamo quotidianamente. Ma esso ci dice anche che Dio non si lascia chiudere fuori. Egli trova uno spazio, entrando magari dalla finestra socchiusa. Diamogli il permesso di entrare! Che sia questo l'augurio di cui abbiamo bisogno in questo Natale. Auguri!

Cristo nasce nel tuo cuore

"*Nascesse Cristo mille volte a Betlemme, ma non nel tuo cuore, sei perduto in eterno!*" (A.Silesius, XVII sec.). Che cosa incredibile! Dio si fa uomo per dare a me la capacità di incontrarlo e di conoscerlo. Dio nasce uomo per dare a me la possibilità di trasformare la mia vita personale, la vita della mia famiglia, della mia comunità e della società in cui vivo quotidianamente.

Anche quest'anno desidero riflettere con voi in particolare sul vangelo della notte di Natale.

"*In quei giorni... era governatore della Siria Quirinio*". È una semplice cornice storica che mi offre la possibilità di contemplare la sorprendente decisione dell'Eterno di entrare nella nostra storia. Un amore così immenso da mostrarsi nella fragilità di un bambino. È inaudito! L'Onnipotente si mette nelle nostre mani.

"*Mentre si trovavano in quel luogo... si compirono per Maria i giorni del parto*". Mi colpisce la sobrietà delle parole usate da Luca per descrivere uno dei più grandiosi eventi della storia: Dio si svuota della sua divinità e grandezza e assume in tutto la nostra umanità. Dio in un bambino! Tutto si realizza nel più assoluto nascondimento: l'Onnipotente ci insegna l'umiltà. È come il lievito nascosto nella pasta: trasforma nascondendosi.

"*C'erano là alcuni pastori... un angelo si presentò a loro*". I pastori li abbiamo un po' idealizzati come persone semplici e umili, ma in quei tempi, per la gente comune, erano persone emarginate, che facevano anche un po' paura, persone che la vita aveva reso un po' ruvide e scontrose. A queste persone viene dato l'annuncio della nascita di un bambino. Ricevono l'inaspettato dono di uscire dalla loro notte. E questo significa una cosa molto semplice: Gesù è venuto per tutti, ma se deve privilegiare qualcuno, sceglie coloro che sono o che si sentono nella notte, che la vita o la volontà ha portato distante.

"*La gloria del Signore li avvolse di luce*". La luce che li avvolge è l'incontro tra la nostra vita e quella di Dio. È strano: non sono gli angeli ad essere "luminosi", ma i pastori. È un incontro che trasforma la loro vita.

Può capitare anche a noi di sentirci nel buio come i pastori. Anche a noi è offerto il lieto annuncio, prendiamo anche noi la decisione di andare "*in fretta*" a Betlemme: è la Betlemme del nostro dubbio, delle nostre paure, delle nostre fragilità, della nostra presunta autosufficienza. Andiamo a Betlemme e alziamo gli occhi verso questo bambino: sentiremo nel cuore parole semplici come una carezza: "*Non temere!*".

Non posso però tacere la sensazione sempre più diffusa che la nostra società abbia dimenticato, messo da parte, il vero festeggiato: tutto sembra rivolto verso altri pensieri. La fretta rischia di non lasciar spazio alla riflessione, e il rumore rischia di coprire il silenzio. Eppure, oggi, non ci sarebbero presepi, alberi, luci, Babbo Natale, panettoni e pandori, neanche le strette di mano di auguri, se quel giorno Gesù non si fosse fatto uomo per farci come lui. Non voglio dire, però, che non bisogna far festa, gioire, mangiare e scambiarsi regali. La domanda è: per chi facciamo queste cose? "*A che ti serve, infatti, che Cristo sia venuto un tempo nella carne, se non è venuto anche nella tua carne? Preghiamo che la sua venuta sia per noi quotidiana e che possiamo dire: Non sono più io che vivo, ma Cristo vive in me*" (Origene, *In Lucam Homiliae*, 22, 3).

Anche stanotte sto davanti al presepio: vedo un bambino avvolto in fasce e credo che Dio si è fatto uomo. Vedo la fragilità di un bambino e contemplo la grandezza di Dio. Vedo il semplice inizio di una vita e penso a chi la vita l'ha donata per me. Da Betlemme a Gerusalemme fino ai confini del mondo è il mistero di un Dio che ha voluto esserci vicino fino in fondo.

O Dio, prestami i tuoi occhi per vedere chi mi passa accanto; prestami le tue orecchie per ascoltare chi ha bisogno di parlare; prestami la tua bocca per donare un sorriso che dia coraggio o per dare un bacio che mostri affetto; prestami le tue braccia per abbracciare tutti senza escludere nessuno; prestami le tue mani per donare una carezza a chi ne ha bisogno; prestami le tue gambe per correre incontro anche a chi mi ha fatto un torto.

Così anche noi potremo essere, per te, occhi, orecchie, bocca, braccia, mani e gambe. Che sia questo il più bel augurio per tutti. Amen.

Quaresima e Pasqua

Tempo di Quaresima

La Quaresima: dalle Ceneri alle Palme

La quaresima è camminare **insieme** a Gesù verso la sua Pasqua. A questo proposito, si possono leggere, mettendoli in parallelo, un passo del Vangelo di Luca: «*Mentre stavano compiendosi i giorni in cui sarebbe stato tolto dal mondo, Gesù si diresse decisamente verso Gerusalemme*» (9,51) e uno di Giovanni: «*Allora Tommaso, chiamato Dìdimo, disse ai condiscepoli: "Andiamo anche noi a morire con lui!"*» (11,16).

Nel mistero pasquale c'è tutto il mistero cristiano: la quaresima è lottare con Cristo con la sicurezza della vittoria. Nel periodo liturgico "Quaresima – Pasqua – Pentecoste" ci sono due momenti tra loro inscindibili: la quaresima è soprattutto un cammino di uscita, un esodo dalla schiavitù del peccato alla libertà dei figli di Dio, meglio ancora un passaggio dalla schiavitù al servizio. Ma questo cammino è un dono per partire verso, per la missione, per la testimonianza: e questo è la funzione particolare del periodo pasquale.

Tutto questo non è comunque opera nostra, ma di Dio: noi possiamo solo dire di sì. Unico protagonista della salvezza è Dio, lui vuole e può salvare l'uomo. Già papa Francesco, nel 2015, parlando da Firenze alla Chiesa in Italia, aveva richiamato l'attenzione sul ritorno del pensiero "pelagiano" e "gnostico"; a fine febbraio del 2018, poi, è intervenuta anche la Congregazione per la Dottrina della fede, riportando l'attenzione dei cristiani sullo stesso problema: non ci si salva con le proprie forze (Pelagianesimo), né senza il corpo (Gnosticismo). «*Il mondo contemporaneo avverte non senza difficoltà la confessione di fede cristiana che proclama Gesù unico Salvatore di tutto l'uomo e dell'umanità intera (...) Nei nostri tempi prolifera un neopelagianesimo per cui l'individuo, radicalmente autonomo, pretende di salvare se stesso, senza riconoscere che egli dipende, nel più profondo del suo essere, da Dio e dagli altri... la salvezza si affida alle forze del singolo, oppure a delle strutture umane incapaci di accogliere la novità dello Spirito di Dio. [Serpeggia anche] un certo neognosticismo che presenta una salvezza meramente interiore, rinchiusa nel soggettivismo, e pretende di liberare la persona dal corpo e dal cosmo materiale, nei quali non si scoprono più le tracce della mano provvidente del Creatore, ma si vede solo una realtà priva di senso, aliena dall'identità ultima della persona e manipolabile secondo gli interessi dell'uomo»* (*Placuit Deo*,2-3).

Di fronte a questi rischi la quaresima suggerisce due atteggiamenti: la disponibilità a lasciarsi condurre e l'attenzione alla liturgia. Due atteggiamenti che sostengono il cammino di conversione: un cammino che si fa nella Chiesa, come luogo in cui troviamo salvezza; un cammino dettato dalla Parola di Dio che viene letta nella Chiesa; un cammino sottolineato dai sacramenti della Riconciliazione e dell'Eucarestia; un cammino che si apre alla carità fraterna, alla preghiera e al digiuno, come tempo lasciato alla lotta contro il peccato.

Non c'è conversione se non c'è disponibilità a lasciarsi prendere totalmente da Dio, che vuole entrare nel nostro cuore e nella nostra vita quotidiana. Anche qui, il testo biblico ci suggerisce due esperienze: quella del giovane ricco e quella di Pietro. Il primo è moralmente a posto, osserva i comandamenti fin dalla sua giovinezza, vuole essere perfetto, ma vuole fare da solo, possiede tante cose che a loro volta lo possiedono, e così non ce la fa a consegnarsi a Dio. Pietro invece moralmente fa fatica (pensiamo alla difficoltà sul perdono), si scontra con la Pasqua, arriva per paura a rinnegare Gesù, ma gradualmente arde di amore e si lascia prendere fino ad essere tutto di Dio.

Accanto a queste due esperienze si possono porre anche due tentazioni. La prima è l'orgoglio spirituale, una tentazione sottilissima, ma radicale. È la punta dell'anima che non vuole spezzarsi davanti all'iniziativa di Dio e al suo progetto. Il peccato invece viene vinto con l'obbedienza. La seconda è che, davanti a Cristo che mi dà tutto se stesso e che mi chiede tanto, non sempre siamo capaci di accettare il sacrificio.

L'itinerario liturgico quaresimale è segnato dalle tappe del cammino battesimale. E questo è più facile notarlo nel ciclo delle letture bibliche dell'anno A.

La prima domenica di Quaresima ci fa ascoltare il racconto delle tentazioni di Gesù. Ogni anno il cristiano è chiamato. come Gesù nel deserto, a scegliere Dio. Cristo sceglie il Padre, quando Satana rivendica l'autonomia da Dio. Non Dio, ma io: questa è la tentazione che sta alla base.

La seconda domenica mette davanti alla nostra contemplazione la pagina evangelica della Trasfigurazione di Gesù, ad indicare la certezza della vittoria. È già anticipazione della Pasqua: l'uomo sceglie Dio perché è stato accolto da lui.

La terza domenica con il Vangelo della Samaritana, la quarta con il racconto della guarigione del cieco nato e la quinta con il grande quadro della resurrezione di Lazzaro ci propongono di riflettere sul Battesimo attraverso i segni dell'acqua, della luce e della vita nuova.

Negli altri anni del ciclo liturgico, dopo le prime due domeniche sempre dedicate alle tentazioni e alla trasfigurazione, gli itinerari biblici propongono anch'essi un approfondimento del cammino battesimale.

L'anno B sottolinea l'aspetto dell'alleanza tra Dio e l'umanità: il nuovo patto è ormai sigillato nel mistero pasquale. Gesù è presente in mezzo all'umanità quale tempio vivente per mezzo del suo corpo sia eucaristico che ecclesiale (terza domenica). Nel dialogo con Nicodemo Gesù mostra come Dio sia sempre alla ricerca dell'uomo (quarta domenica). Gesù per confermare l'alleanza di Dio con l'uomo, accetta di entrare nell'abisso della nostra morte (quinta domenica).

L'anno C, invece, sottolinea l'appello alla conversione e alla penitenza, ma mette in luce anche la misericordia e il perdono di Dio. Servendosi di alcuni fatti di cronaca, Gesù afferma che la conversione è un atto urgente che non va dilazionato nel tempo (terza domenica). Attraverso le parabole della misericordia, Gesù invita a fare un'esperienza sempre nuova di un Dio che ci insegue continuamente, anche se ci siamo allontanati da lui (quarta domenica). L'episodio dell'adultera perdonata mostra la potenza del perdono del Signore che investe ogni persona che accetta lo sforzo di non peccare più (quinta domenica).

Convertirsi dalla pigrizia all'impegno

Il rischio di un titolo del genere è quello di aver messo una dopo l'altra tre parole molto inflazionate tanto vengono usate, anche a sproposito: conversione – pigrizia – impegno. Entrando in Quaresima, possiamo accontentarci di una semplice esortazione a non essere pigri, oppure andare in profondità su alcune questioni della vita cristiana, per poi riferirle a se stessi.

La prima dimensione da approfondire è quella della **radicalità evangelica**. La tentazione di scontarsi, di svendere il Vangelo è sempre in agguato. Dire che seguire Cristo sulla via della croce è impegnativo costa un po' di paura ed è per questo motivo che si tende a fare sconti. Questi spesso deludono, il Vangelo non va mai svenduto. «*Volete andarvene anche voi?*», dice Gesù ai suoi apostoli dopo aver usato il linguaggio "duro" del pane di vita, della sua carne da mangiare e del suo sangue da bere. Ma Cristo non fa mai sconti!

È faticoso, ma a piccoli passi si può arrivare ovunque. Conversione è non scontarsi il Vangelo: la conversione riguarda prima di tutto l'essere cristiani, poi il fare.

Ecco, allora, l'opportunità di approfondire un'altra dimensione della vita cristiana: l'**operatività**. Si tratta di trasformare le idee del Vangelo in scelte concrete e fattibili. Impegnarsi significa dire a se stessi di aver accettato il Vangelo e di volerlo vivere. Qui si gioca l'importanza del discernimento, un itinerario che inizia dall'ascolto, passa per la decisione, per confluire nell'azione.

Sentire le esigenze di chi mi è vicino, non è ascoltarle: per ascoltare devo prendere una decisione, non voler rimanere indifferente. La decisione è la risposta all'ascolto: è tempo perso parlare a chi non vuole decidersi e soprattutto non mette in atto le proprie decisioni, qui e ora, cioè senza tentennamenti.

Convertirsi dal disimpegno alla passione

«*Gesù decise fermamente di andare a Gerusalemme e camminava davanti ai suoi discepoli*».

Come Gesù devo prendere una **decisione ferma**, che mi metta davanti alle mie responsabilità, eliminando un comportamento fatto di mezze misure, di mezze parole, di "sì" conditi da tanti "ma".

Devo togliere dalla mia vita le cose fatte a metà e lasciate perdere perché non mi soddisfano più, le cose fatte per moda o perché così fan tutti, le cose fatte per forza o per "finto dovere", quelle fatte senza crederci più di tanto e quelle vissute senza entusiasmo. Quando questo manca è facile cadere nella tentazione di parlare senza far seguire i fatti.

"*Quando la travatura è solida... se viene il terremoto non cede; così chi prende una decisione dopo aver riflettuto... non si scompone*".

Devo decidere, ma non senza aver ben riflettuto se ho la **buona volontà** di impegnarmi seriamente: senza di lei non si comincia a camminare e non si va da nessuna parte. La buona volontà è il dono che più spesso mascheriamo di buoni sentimenti o che facciamo finta di non avere, invece è l'ingrediente necessario per dare concretezza ai nostri "buoni" propositi.

Ma anche decidere dopo aver ben riflettuto se ho la buona volontà può non essere sufficiente per prendermi davvero le mie responsabilità. Devo avere anche **il coraggio** di puntare in alto, il coraggio di difendere una mia convinzione, una scelta di vita, senza lasciarsi influenzare dal pensiero comune. Oggi manifesta coraggio una persona libera, che sa pensare con la propria testa, una persona che guarda in faccia le difficoltà, senza cedere alla rassegnazione, una persona che sa reagire di fronte agli insuccessi e alle delusioni, che vive la pazienza e il saper aspettare.

Sorella del coraggio è la **voglia** di crescere, di migliorare, di far festa per un solo passo in avanti. Chi è scontento, non ricerca e non fa niente per cambiare, mentre è contento chi sa che c'è sempre un margine di miglioramento. Ricercare è segno di vita.

Un ultimo ingrediente, spesso dimenticato, è lo **stupore**, il meravigliarsi: un dono che ci fa restare a bocca aperta davanti a un tramonto sulla laguna come anche a un gesto gratuito di generosità. Stupore è accorgersi della gratuità delle cose, della loro novità, anche se talvolta è nascosta nella ripetitività di ogni giorno.

"*Non exiguum temporis habemus, sed multum perdidimus*".

È un detto latino che dice: "*Non è che abbiamo poco tempo a disposizione, è che continuiamo a perderne troppo!*". La Quaresima è un tempo che mi viene messo a disposizione, un tempo donato, un'occasione da non perdere, per continuare in modo più "sostenuto" a orientare la mia vita su Cristo. Basta decidersi! Approfittane anche tu!

Fare i conti con le "cattive" abitudini

Quando si tratta di cambiare modo di fare, l'abitudine, per bella o meno che sia, è sempre una "brutta bestia" da vincere. Di abitudini, nella vita di tutti i giorni, ne abbiamo tante e così si corre il rischio di fare le cose intanto per farle, senza pensare più di tanto ai motivi che ci spingono ad agire in un determinato modo. Purtroppo alcune abitudini sono entrate anche in chiesa.

Se di certo non è bello arrivare alla Messa in ritardo, non è neanche rispettoso verso chi sta già pregando, né tanto meno nei confronti della persona che vado ad incontrare entrando in chiesa, cioè Dio stesso. Se arrivo in ritardo in stazione, perdo il treno; se arrivo in ritardo dal medico, perdo l'appuntamento; se arrivo in ritardo in chiesa... non succede niente, "el paron de casa" non si arrabbia e apparentemente non ci rimetto niente. Eppure il ritardo può essere segno di un'abitudine più profonda, che mi fa vivere la Messa, l'incontro domenicale con il Signore, senza entusiasmo, con fatica, magari con l'occhio sempre sull'orologio, sbuffando se i canti sono troppo lunghi, con un piede già fuori della porta appena il sacerdote accenna alla benedizione. Comunque, anche se il ritardo talvolta può essere giustificato, è opportuno non mettersi in fila per andare a ricevere l'Eucaristia.

È bene arrivare in chiesa con qualche minuto di anticipo, in modo da preparare anche lo spirito alla partecipazione all'Eucaristia. Non ha bisogno di traduzione il consiglio che la tradizione della Chiesa ci ha consegnato: "*Ante Missam, praepara animam tuam*". Invece si assiste spesso a quel chiacchiericcio fastidioso che non aiuta di certo la preghiera e la concentrazione in vista del momento solenne che ci si accinge a celebrare. E quando questo succede tra adulti non è neanche un buon esempio per i bambini e i ragazzi.

Una forma di abitudine un po' più "moderna" è quella di dimenticarsi acceso il telefonino. Proprio non si riesce a starci senza: appena suona, a parte la grande varietà di musiche e motivetti tra i più diversi, invece di spegnerlo e fare almeno un cenno di scuse, si corre velocemente verso la porta per poter rispondere e poi con molta disinvoltura rientrare come se niente fosse. Abbiamo proprio bisogno di essere sempre "rintracciabili", oppure stiamo assistendo a una nuova forma di schiavitù e di dipendenza? In Quaresima si parla tanto di digiuno: oggi una forma di rinuncia è di certo il coraggio di "far tacere" le suonerie che ci tolgono il respiro, privando anche il Signore di quel poco tempo che gli dedichiamo.

Sono questi solo alcuni esempi di cattive abitudini, ce ne sarebbero di certo tanti altri. Nessuno si senta "ripreso" da questi pensieri, ma ciascuno li usi per quello che gli possono essere utili, magari per accorgersi che hanno preso spazio anche nella sua vita di fede e avere così l'occasione propizia per cambiare.

Siamo a una svolta!

Questo è un titolo che può avere un doppio significato: parliamo di svolta sia perché siamo arrivati a metà del tempo quaresimale, sia perché ogni giorno della Quaresima è buono per dare una svolta in bene alla nostra vita.

Abbiamo fatto esperienza in queste domeniche di come la Quaresima sia un tempo ricco di contenuti e di segni: le ceneri, l'austerità della liturgia che dovrebbe rispecchiarsi nella vita quotidiana, il digiuno, il ricordo del proprio battesimo come momento di un incontro che si rinnova ogni giorno, di un cammino che passa per le tentazioni della vita e per la via della croce, ma avendo come orizzonte l'intensa luminosità della Pasqua.

Tutto può essere riassunto con una parola: **essenzialità**. In un mondo soffocato dal superfluo, dal futile e dal banale (basta vedere quante volte cadiamo vittime della pubblicità), siamo chiamati ad andare alla ricerca di ciò che davvero è indispensabile per vivere, di ciò che davvero è importante per vivere una vita "bella". Digiuno e astinenza non sono prescrizioni dietetiche per persone un po' soprappeso impegnate nella "prova-costume", ma uno strumento efficace per tornare a dare il giusto peso alle cose. Quando devo preparare lo zaino per un percorso impegnativo, lascio a casa tutto ciò che mi può appesantire, anche cose all'apparenza "indispensabili". Se lo zaino è troppo pesante, ne pago le conseguenze con la fatica e il sudore e con il fiato che viene a mancare.

L'essenzialità allora è uno stile, un atteggiamento, una particolare attenzione a non lasciarmi attrarre da ciò che ingombra la vita, incantato come se fossero le "sirene" di Ulisse. **Cercare l'essenziale** mi porta a capire che Uno solo è davvero indispensabile e che senza di lui non posso vivere una vita piena e vera. **Cercare l'essenziale** mi provoca a interrogarmi giorno per giorno sulle scelte, grandi e piccole, che orientano la mia vita, senza dare niente per scontato, dando a tutte le cose il loro giusto valore. **Cercare l'essenziale** è restituire a ciascuno ciò che è suo, perché, in un certo senso, se tengo per me ciò che non è essenziale, significa che può essere utile a qualcun altro. Diceva un padre della Chiesa, molti secoli fa: "Il mantello in più che tu tieni chiuso nel tuo armadio è quello che manca al tuo fratello per ripararsi dal freddo". Elemosina e carità non sono privarsi del superfluo per sentirsi più buoni, anche solo lasciando in fondo alla chiesa quelle cose che non mi stanno più in armadio e che io non ho il coraggio di buttare. Carità ed elemosina è saper condividere con gli altri anche la propria vita.

La Quaresima allora è un cammino difficile e faticoso, perché, se presa seriamente e con un po' di onestà, diventa lo specchio di come vivo normalmente. Faccio meglio in Quaresima quello che faccio più fatica a vivere in tutti gli altri giorni dell'anno. Ecco la svolta che deve prendere la mia esistenza: vivere la Quaresima come un trampolino che mi slanci verso la vita di tutti i giorni con maggior impegno ed entusiasmo.

La settimana santa

È "santa" perché ci offre la possibilità di ammirare le meraviglie compiute da Dio a nostro favore. È "santa" perché croce e risurrezione dimostrano quanto è grande l'amore di Dio per noi.

La liturgia segue passo passo la vicenda di Gesù, dall'ingresso a Gerusalemme tra le acclamazioni gioiose della folla dei discepoli, fino al Golgota, dove Gesù giungerà solo, abbandonato quasi da tutti quelli che gli erano stati vicini, compresi gli amici più cari che egli stesso aveva scelto e per i quali stava donando la propria vita. Tutto sembra finito, tutto invece sta per cominciare: dalla cima del Golgota, infatti, veniamo condotti sulla soglia del sepolcro vuoto nella mattina presto del giorno dopo il sabato.

La domenica delle Palme e della Passione del Signore sta tutta tra l'Osanna! e il Crocifiggilo! È il contrasto che esiste anche nella nostra vita, tra vita e fede: alla fine, si tratta di coerenza!

I primi tre giorni della settimana santa sono giorni preziosi perché sono l'ultimo tratto della Quaresima. Isaia ci presenta la figura del "servo sofferente" che ci aiuta a continuare la meditazione iniziata con la lettura della Passione nella domenica. Dove è possibile poi, l'adorazione eucaristica è un sostegno prezioso che sfocia nel sacramento della Riconciliazione.

Il vangelo del lunedì santo racconta l'unzione di Betania. Il gesto di riconoscenza di quella donna, un gesto di amore, ci incoraggia a vivere questa settimana con spirito di ringraziamento. C'è chi grida allo spreco, perché c'è sempre la tentazione di credere di dare troppo a Dio, o che il tempo che gli diamo si potrebbe usare diversamente.

Martedì santo è la volta del racconto del tradimento di Giuda. Chissà cosa pensava Giuda? Forse che era la cosa più giusta! Quello non era più il "suo" Gesù! Quello che chiede ora è troppo: imitarlo? Meglio fermarsi prima. Così ha fatto.

I preparativi della cena pasquale sono al centro del mercoledì santo. Gesù è rifiutato, ma lui continua a donarsi. È tradito da un amico e lui li raccoglie tutti per la cena. Nel momento in cui è lasciato solo, comincia a donarsi: come il seme che per dare frutto deve cadere in terra e morire.

Giovedì santo

Nella Messa del Crisma, i sacerdoti, attorno al vescovo, rinnovano i loro impegni sacerdotali. In forza del Battesimo, ogni cristiano partecipa del sacerdozio di Cristo, ma proprio nell'Ultima Cena Gesù inaugura una più profonda partecipazione al suo sacerdozio, destinata a coloro che sono chiamati al ministero ecclesiale in più piena comunione con Cristo.

Con la Messa "*In coena Domini*" inizia il Triduo Pasquale.

Gesù istituisce l'Eucaristia: «*Questo è il mio corpo... questo è il mio sangue...*». Forse gli apostoli pensavano a un addio, invece Gesù ha scelto questo modo per restare sempre in mezzo a noi. Ha scelto pane e vino, cose semplici, capaci di parlare da sole: il pane indica il necessario per vivere, il vino è segno di gioia e di felicità, insieme sono segno del lavoro e della fatica dell'uomo.

Il racconto di Gesù che lava i piedi agli apostoli introduce il tema del servizio. Questo momento raccontato solo da Giovanni è il riassunto del senso della vita di Gesù, venuto per servire. «*Io vi ho dato l'esempio!*». La sorgente di ogni nostro servizio è Gesù servo. Il suo servire ha due caratteristiche: è gratuito e umile, tanto da abbassarsi: «*Sapendo queste cose, sarete beati se le metterete in pratica*».

L'adorazione che segue la celebrazione della Messa diventa un seguire Gesù nell'orto degli ulivi, dove Gesù ci insegna a pregare. Quella di Gesù è una preghiera completa: chiamando Dio "*Abbà*", ci invita al massimo della confidenza; dicendo "*Tutto è possibile a te*", ci chiama alla fiducia; nel "*passi da me questo calice*" è presente la debolezza e la fragilità dell'uomo; concludendo con "*ma sia fatta la tua volontà*" fa esplodere il suo filiale abbandono nella braccia del Padre.

Venerdì santo

Non è un giorno di lutto e di pianto, dove si celebra il funerale di Gesù. La liturgia ci propone un giorno di contemplazione del suo sacrificio: la Chiesa celebra la morte vittoriosa del suo Signore.

Oggi la Chiesa non celebra l'Eucarestia, l'elemento fondamentale della liturgia di questo giorno è la proclamazione della Parola.

Isaia ci presenta la misteriosa figura del "*servo innocente che soffre*": «*È stato trafitto per i nostri peccati... per le sue piaghe siamo stati guariti*». Dall'umiliazione si passa al trionfo, dalla passione-morte alla gloria. Questo mistero provoca meraviglia e stupore. «*Cristo imparò l'obbedienza dalle cose che patì e divenne causa di salvezza per coloro che gli obbediscono*», così sintetizza la vita di Gesù l'autore della lettera agli Ebrei.

Il racconto della passione – morte – resurrezione di Gesù è il nucleo originario dell'annuncio evangelico: «*Cristo, il crocifisso, è risorto!*». Ascoltando il racconto di Giovanni si ha come l'impressione che il dolore sia trasfigurato in contemplazione. La passione è la rivelazione del "*Dio-con-noi*", cioè il compimento dell'incarnazione. «*Dio ci ha amati al punto da darci suo Figlio*».

Si possono individuare tre temi.

Il primo è quello della **gloria**: «*Abbiamo visto la sua gloria*» (Gv 1,14), «*Gesù manifestò la sua gloria*» (Gv 2,11). Oppure si può andare alla risposta di Gesù quando un gruppo di "greci" chiedono di vederlo (Gv 12, 23-28): «*È venuta l'ora in cui il Figlio dell'uomo deve essere glorificato. Se il chicco di grano... Padre, glorifica il tuo nome!*».
La gloria sta per manifestarsi nella passione di Gesù. È un paradosso: la gloria passa attraverso la passione. Ma questo comporta l'accettare il paradosso principale che Dio è fra noi. «*Padre, glorifica il tuo nome!*»: è la dimostrazione che Dio è potente, che può salvare. Questo potere si manifesta sulla croce. Dio dimostra la sua gloria amando il mondo e amandolo così!

La croce poi è **esaltazione**. «*Come Mosè innalzò il serpente nel deserto... perché chiunque crede abbia la vita eterna*» (Gv 3,14); «*Quando avrete elevato il Figlio dell'uomo, conoscerete che io sono*» (Gv 8,28); «*Quando sarò elevato da terra attirerò tutti a me*» (Gv 12,32): il Figlio innalzato sulla croce è il vero volto di Dio. "Elevazione" è essere innalzato, "Esaltazione" è salire al trono: la croce è il trono di Dio, non domina imponendosi, ma attraendo.

Infine c'è il grande tema dell'**ora**, un tema che percorre tutto il Vangelo di Giovanni. L'ora esprime la volontà di Gesù di donare la sua vita, volontà che è presente in tutto l'arco della sua esistenza terrena. Vivere per Gesù è tendere verso quest'ora. Quando il disegno d'amore di Dio chiederà a Gesù il dono della vita, in obbedienza al Padre, sulla croce, allora sarà scoccata la sua "ora": «*Tutto è compiuto!*».

Possiamo seguire lo svilupparsi del racconto della Passione secondo Giovanni:

a) 18, 1-12: l'arresto di Gesù. In Giovanni non c'è la scena della preghiera nell'orto. Si offre subito il paradosso: colui che è ricercato si offre spontaneamente; gli uomini lo cercano e lui si offre loro. Gesù si avvia alla passione cosciente della sua divinità: «*Io sono!*». Dicendo: "*Sono Dio!*", ci rivela il mistero del Padre. Gesù si preoccupa di salvare i suoi: è lui il pastore buono, che difende i suoi.

b) 18, 13-27: Gesù di fronte ai sommi sacerdoti e Pietro lo rinnega. I due episodi si intersecano fra di loro. Colpiscono il coraggio di Gesù e la paura di Pietro. Gesù si appoggia al Padre ed è forte, coraggioso e calmo; Pietro si appoggia a se stesso e crolla, è fragile. C'è un particolare un po' doloroso: Gesù si appoggia ai suoi amici: «*Domandate a loro*» e uno dei suoi amici si tira indietro: «*Non so chi sia!*». C'è contrasto tra la fiducia che Gesù pone in loro e il loro poco meritarla. Il verbo "parlare" ripetuto più volte indica che Gesù è la Parola. Lo schiaffo è segno di rifiuto.

c) 18,28 – 19,16: Gesù davanti a Pilato. Il paradosso: colui che è giudicato, regna, è il vero giudice. I movimenti di Pilato danno il ritmo alla narrazione: è tutto un andirivieni da dentro a fuori del pretorio e viceversa. C'è una ragione storica a questo movimento: gli ebrei non potevano entrare in un ambiente pagano senza "sporcarsi" e la Pasqua era vicina. Pilato sta in mezzo tra Gesù in silenzio dentro il pretorio e la folla che grida fuori. I movimenti di Pilato danno vita a sette scene distinte:

1. 18, 29-32	Pilato esce	dal pretorio
2. 18, 33-38a	entra	nel pretorio
3. 18, 38b-40	esce	
4. 19, 1-3	entra	
5. 19, 4-7	esce	
6. 19, 8-11	entra	
7. 19, 12-16	esce	

Le sette scene si possono leggere in modo ascendente: la settima è il culmine: «*Ecco il vostro Re!*». Ma la lettura può essere anche chiastica (1-2-3 // 4 \\ 5-6-7) e allora la scena centrale è la quarta, quando Gesù viene incoronato di spine. Gesù regna già nella passione: il mistero pasquale è già in opera. Nella scena della coronazione di spine, superficialmente si legge una presa in giro, la fede invece legge un momento di gloria, perché è manifestazione dell'amore di Dio.

In 19, 13 Pilato esce nel Litostroto, nel tribunale: qui c'è un verbo "*sedette*" che può essere anche tradotto con "*fece sedere*". Non è un cambiamento da poco: Pilato fa sedere Gesù sul seggio del giudice e poi lo consegna perché sia crocifisso: la croce di Gesù è giudizio.

d) 19, 17-22: la crocifissione. Tanta attenzione è data al titolo del cartello e al rifiuto dei Giudei.

e) 19, 23-30: il compimento. Si compie la Scrittura. I soldati si dividono le vesti (salmo 22,9). La tunica non viene stracciata: il verbo "*schizō*", da cui deriva la parola "scisma" richiama l'unità della Chiesa, rappresentata da Maria e Giovanni sotto la croce. «*Tutto è compiuto!*»: Gesù «*emise lo spirito*», morì e donò lo spirito.

f) 19, 31-37: il colpo di lancia. Gesù è morto, non ci sarebbe più nulla da raccontare. Ma non è finita: «*Non gli sarà spezzato nessun osso*» (Es 12,46): in Gesù si compie anche la Pasqua di Israele, è lui il vero agnello. Il colpo di lancia richiama Zaccaria 12,10: «*Guarderanno a colui che hanno trafitto*»: è un pensiero rivolto a tutta l'umanità, anche futura.

g) 19, 38-42: il coraggio degli amici. È la gloria di Gesù nel cuore degli uomini, già iniziata sotto la croce con i più intimi, che comincia a diffondersi in altri, i quali prendono coraggio e si fanno avanti.

L'adorazione della croce e la comunione all'Eucarestia, che concludono questa celebrazione, sono modi privilegiati per esprimere riconoscenza e fiducia, è prendere parte alla gloria di Gesù.

Sabato santo

La Chiesa è nell'atteggiamento delle donne nella sera del venerdì, dopo la sepoltura: «*Erano lì, davanti al sepolcro*» (Mt 27, 61). Ogni fedele è chiamato alla contemplazione: fiducia piena nella Parola di Dio, certezza del compimento delle promesse di Dio. È il momento (una "pausa") della riconoscenza: un giorno di fede intensa e di forte speranza.

I giorni di venerdì e sabato sono il momento della crisi della fede e della speranza di chi era stato con Gesù. «*Noi speravamo che fosse lui... e invece...*» (Lc 24): dicono i due di Emmaus la sera di Pasqua.

Di come ha passato il sabato Maria, la madre di Gesù, i vangeli non ci dicono niente, ma piace pensare che anche per lei è stato un sabato di attesa. La tradizionale *Via Crucis* si snoda lungo 14 stazioni. È consolante concluderla con l'attesa della luce della risurrezione, diventando una *Via Lucis*. A Lourdes, per esempio, le stazioni sono 16: la quindicesima vede Maria che sta in preghiera alla tomba del Signore, in attesa della resurrezione.

Dopo il silenzio di meditazione e di contemplazione, passo dopo passo, tutto lascia spazio alla gioia: la **Veglia pasquale** è un salire di gioia in gioia.

È **"la"** Veglia, la "Madre di tutte le Veglie". La notte è fatta per dormire! È innegabile. Eppure c'è tanta gente che non dorme: per lavoro, per assistere gli ammalati, per fare la guardia, per divertimento, per trasgressione. È però innaturale rinunciare al sonno.

È Veglia per essere pronti ad accogliere "*con le lampade accese*", "*è la notte di veglia in onore del Signore*", "*è stata notte di veglia per il Signore per farli uscire dall'Egitto*". È **memoriale**, memoria efficace degli eventi della salvezza.

Come dice Paolo ai Corinzi (I Cor 10, 1-ss): "*I nostri padri furono tutti sotto la nube, tutti attraversarono il mare... ora ciò avvenne come esempio per noi*".

Perché di notte? Per indicare il passaggio dalle tenebre alla luce, dalla notte al giorno. La luce vince le tenebre, il giorno vince la notte. È la notte in cui Israele passa dalla schiavitù alla libertà, in cui Cristo passa dalla morte alla vita, in cui noi passiamo dal peccato alla vita nuova.

Sono quattro, secondo la tradizione ebraica, le notti di Dio: quella della creazione, quando era buio e Dio creò la luce; quella della promessa, quando Dio mostra nelle stelle del cielo la numerosa discendenza di Abramo; quella della liberazione, quando Israele passa sull'asciutto il Mar Rosso; quella in cui tutto tornerà a Dio, la notte della fine dei tempi. Prima di questa, per noi cristiani, Dio ha vegliato un'altra notte: quella della risurrezione del Figlio.

La Veglia è formata da quattro parti:

Il **lucernario** celebra Cristo "luce del mondo". Anche noi siamo, in virtù del Battesimo, "luce nel Signore". Il cero pasquale è simbolo di Cristo risorto, le nostre candele, accese al cero, sono partecipazione alla vita nuova del Cristo. Il senso del fuoco è la luce che sorge nelle tenebre. La processione con il cero è il nostro essere il nuovo popolo di Dio, nato dalla Pasqua: pellegrini nella vita presente verso la patria celeste. Il grande annuncio della Pasqua, l'***Exultet***, è tutto un ricordare per dire grazie: "*Felice colpa, che meritò di avere un così grande redentore*".

La **liturgia della Parola** prevede l'ascolto di nove letture: sette dell'Antico Testamento, due del Nuovo. È la meditazione sulle meraviglie operate da Dio nella storia della salvezza. Queste letture introducono nel senso che la Pasqua ha nella vita della Chiesa e di ogni cristiano: "*morti al peccato per risorgere a vita nuova*". È parte integrante della celebrazione: non serve per "arrivare a mezzanotte".

Come ascoltare? Meditando e pregando. Prima si ascolta la lettura, poi si prega con il salmo e la preghiera del celebrante.

La **liturgia battesimale**. Fin dai primi secoli la Chiesa ha visto riuniti il Battesimo e la notte di Pasqua. S. Paolo per primo legge il Battesimo come un morire al peccato per risorgere con Cristo. Il fonte battesimale è visto, fin dall'antichità, come la tomba del peccato, ma anche come un grembo materno da cui nasce la vita: è sepolcro e madre! Al rinnovo delle promesse battesimali ci ha condotto tutto l'itinerario di Quaresima. Il segno messo in evidenza è quello dell'acqua: la grazia del Battesimo scaturisce dallo Spirito Santo che la santifica: questo il senso del gesto di immergere il cero pasquale nell'acqua del battistero.

La **liturgia eucaristica**. È come il cuore della Veglia pasquale: sono i primi momenti del giorno tanto atteso, il giorno che ha fatto il Signore. Tutto l'anno liturgico converge a questa eucarestia e parte da questa eucarestia. L'eucarestia di questa notte è "l'azione di grazie" più significativa e più alta resa dalla Chiesa a Dio per suo Figlio morto e risorto. Tutto il mistero cristiano è qui, qui tutta la meraviglia dei sacramenti e il senso del destino divino degli uomini.

Ancora sul Triduo Pasquale: stare con Gesù, stare accanto a Gesù

Giovedì santo

Rileggo il vangelo della lavanda dei piedi tenendo sullo sfondo il desiderio di stare con Gesù e accanto a lui. La prospettiva è duplice, nel senso che questo desiderio è mio, ma è anche di Gesù. Io ho bisogno di stargli vicino, lui ha bisogno di sentirmi vicino. Diceva don Primo Mazzolari: "*Noi lo possiamo dimenticare, lui non ci dimentica. Noi gli possiamo voltare le spalle, lui non ci volta mai le spalle. Noi lo possiamo bestemmiare, egli non farà che benedirci. Noi lo possiamo rinnegare, egli non farà che chiamarci amici!*".

Che scena! Gesù si alza, depone le vesti, prende un asciugamano, se lo cinge, versa dell'acqua in un catino, comincia a lavare e ad asciugare i piedi dei suoi discepoli. Dunque!

"*Venne da Pietro*": è il primo chiamato a fare questa esperienza. Quale reazione ha Pietro di fronte a un amore che arriva a tanto? "*Signore, tu lavi i piedi a me?*". Perché? Dovrei essere io a farlo! Non è giusto! Come non è giusto che un Messia debba soffrire! "*Quello che faccio, tu ora non lo capisci: lo capirai do-*

po". E Gesù davvero spiegherà il senso di questo gesto. Ma intanto dice a Pietro: "*Fidati!*". Ma come faccio a fidarmi senza capire? Senza nessuna garanzia? "*Tu non mi laverai i piedi in eterno!*", cioè mai e poi mai. È troppo umiliante per te! Ma è anche difficile da accettare per me! È difficile accettare talvolta di aver bisogno di aiuto. Siamo testardi, vogliamo fare da soli. Non vogliamo crescere. "*Se non ti laverò, non avrai parte con me!*". Pietro, se vuoi starmi accanto, devi accettare il mio stile di vita, devi accettare che è più grande chi serve. Pietro è combattuto fra l'amore e il timore, spaventato più all'idea di perdere Cristo che di vederselo umiliato ai suoi piedi e dice: "*Signore, non solo i piedi, ma anche le mani e il capo*". Il solito esagerato di Pietro! Non vuole perdere Gesù, perché questo gesto è esagerato, ma è un eccesso di amore, di affetto e di amicizia. È questa amicizia, è questo lasciarsi guardare da Gesù che lo salverà dopo la notte della paura e del rinnegamento. Perché l'amore si trasforma in lacrime amare per il pentimento, ma dolci per il perdono. "*Pietro, chi ha fatto il bagno, ha la necessità di lavarsi solo i piedi!*". La chiesa antica ha interpretato così: "*Chi ha ricevuto il perdono nel Battesimo, ha bisogno solo, quando ha i piedi sporchi per il peccato, della riconciliazione sacramentale*". Il perdono è il gesto di lavare i piedi!

Gesù spiega quello che Pietro non capiva e lo spiega a tutti: "*Se io... ho lavato i vostri piedi, anche voi dovete lavarvi i piedi gli uni gli altri*". Se io vi offro il mio perdono, anche voi dovete perdonarvi di cuore, nei fatti non solo nelle parole. Stasera, mi chiedo: se desidero stare con frutto accanto a Gesù, c'è qualcuno cui devo chiedere o donare il perdono? "*Quando il nostro corpo, con il perdono, si piega sui piedi del fratello, nel cuore si accende e si alimenta la fiamma dell'umiltà*".

Venerdì Santo

Desidero continuare la riflessione di questi giorni santi: Gesù mi chiede di stargli accanto, di stargli vicino. L'ho accolto quando è entrato a Gerusalemme; ero seduto a mensa con lui quando si è donato a me come cibo e bevanda; l'ho accompagnato nell'orto degli ulivi e forse ho resistito un'ora in sua compagnia sentendolo pregare il Padre; l'ho seguito mentre veniva sballottato di qua e di là, tra Caifa e Pilato, sbeffeggiato, preso a schiaffi e sputi, flagellato a sangue, fino al Calvario, dove hanno continuato a provocarlo: «Se tu sei il Figlio di Dio, scendi dalla croce e ti crederemo!»; «Ha salvato altri, non può salvare se stesso».

Adesso sto **presso** la croce, sono quel discepolo *che Gesù ama*: con me ci sono le donne che lo hanno seguito fin dalla Galilea, testimoni mute della crocifissione e della morte del maestro, testimoni non più mute anche della sua risurrezione. Ma soprattutto con me, presso la croce, c'è la madre di Gesù: per Giovanni, l'unico a raccontare questo momento di intimità, Maria non ha "nome", è semplicemente la "madre". Una madre che ha coraggio!

Lo stare in piedi dice dignità e fortezza: nel dramma del Calvario, Maria è sostenuta dalla fede che si è rafforzata in lei nel corso degli eventi della sua esistenza; la sua presenza presso la croce è il segno che la madre ha seguito, fino in fondo, l'itinerario doloroso tracciato dallo Spirito Santo per bocca del profeta Simeone: è la spada che le sta trafiggendo l'anima. Maria sta dritta in piedi, come una donna forte che ha continuato a credere, a sperare e ad avere fiducia in Dio, anche in quel momento tanto difficile. Forse anche Maria ha pronunciato sotto voce le ultime parole di Gesù: «È compiuto!». L'amore è al suo punto massimo, sia umanamente che divinamente: l'amore di Dio e l'amore dell'uomo si incontrano presso e sulla croce, all'incrocio dei due legni. La madre, che nel corso della vita del figlio è rimasta nascosta e silenziosa, sul Calvario è presente, pur restando ancora in silenzio.

Ma anche qui è colui che è stato innalzato da terra che attira i nostri sguardi: è Gesù che vede e che parla. Insieme alle donne, c'è il discepolo amato, c'è ogni discepolo amato. Allora, sono presso la croce e ascolto.

«*Donna, ecco tuo figlio!*». È la carezza dell'ultimo dono: il termine "donna" non dice distacco, ma rimanda a Eva, la prima donna: lei è la madre di tutti i viventi, Maria è la madre di tutti i credenti, la madre di coloro che *pur non avendo visto, hanno creduto*. La maternità di Maria diventa una maternità ecclesiale, che abbraccia ogni uomo alla onesta ricerca del suo Signore.

«*Ecco tua madre!*». Ogni uomo che si apre alla fede, ogni uomo che accetta di essere amato da Gesù, riceve in dono Maria come madre. È vero che la Chiesa nasce a Pentecoste, ma le radici sono tutte presso la croce. Maria è in preghiera con gli apostoli e i discepoli quando lo Spirito irrompe sulla prima comunità cristiana. È solo dopo aver affidato Maria al discepolo e i discepoli a Maria che tutto è davvero compiuto.

Scrive un monaco meditando sul venerdì santo: "*Attorno alla croce, grida di odio, ai piedi della croce, presenza di amore. Sta lì, salda, la madre di Gesù.*

Con lei altre donne... accanto, il discepolo amato, non altri. Solo l'amore ha saputo superare tutti gli ostacoli, solo l'amore ha perseverato fino alla fine, solo l'amore genera altro amore. E lì, ai piedi della croce, nasce una nuova comunità, lì, nel luogo della morte, sorge un nuovo spazio di vita: Maria accoglie il discepolo come figlio, il discepolo accoglie Maria come madre. Solo l'amore può custodire l'amore, solo l'amore è più forte della morte!".

Meditazione davanti alla croce

Un nome, che in questi giorni santi è stato pronunciato tante volte, ora di sfuggita, ora fermandosi a calcolarne il peso. Un nome, quello di **Giuda**, molto concreto, molto presente, soprattutto nella vicenda storica di Gesù, ma radicato anche nella nostra vita: per questo lo pronunciamo quasi con distacco. Tradire Gesù, come tradire una persona che ci vuole bene, consegnarlo nelle mani di chi cercava l'occasione per toglierlo di mezzo: è un gesto che pesa.

Diceva don Primo Mazzolari, quasi cinquant'anni fa: "Povero Giuda, che cosa gli sia passato nell'anima, non lo so! È una persona un po' misteriosa: mi accontento di chiedervi un po' di pietà per il nostro povero **fratello** Giuda". Non vergogniamoci di chiamarlo "fratello", di sentirlo un fratello. Gesù l'ha chiamato: "**Amico!**": una parola che dice tenerezza. "Non vi chiamo più servi, ma amici": buoni o no, generosi o no, fedeli o no, rimaniamo sempre suoi amici. Noi possiamo tradire l'amicizia di Gesù, lui non tradisce mai noi.

Anche quando, con la vita, diciamo di non conoscerlo: ai suoi occhi, nel suo cuore, siamo sempre i suoi amici.

Per Gesù, Giuda è un amico, anche nel momento in cui, con un bacio, consumava il tradimento del Maestro. Proviamo a entrare, in punta di piedi, nel mistero di Giuda: perché è arrivato a questo punto? Lasciamo parlare ancora don Mazzolari: "C'è una parola nel Vangelo, che non spiega il mistero del male di Giuda, ma che ce lo mette davanti in un modo impressionante: "Satana entrò in lui, lo conquistò!". Quanta gente ha il mestiere di Satana: distruggere l'opera di Dio, spargere il dubbio, insinuare l'incredulità,

togliere la fiducia in Dio, cancellare Dio dai cuori di tante creature". Questa è l'opera del maligno.

Gesù ci aveva avvertito: "State svegli e pregate per non entrare in tentazione!". E la tentazione di Giuda è stata il denaro: trenta monete, la paga di un mese, per vendere un amico!

E questo amico "tradito" sta per essere condannato a morte: Giuda non pensava che il suo gesto arrivasse così lontano. E si inventa un grande gesto: non vuole più il denaro, il prezzo del giusto. Questo denaro non vale più, conta di più la vita di quell'uomo, di ogni uomo. Quelli non capiscono: quanti, ancora oggi, per denaro, calpestano l'uomo, distruggono la pace, tolgono dignità alla loro vita. Anche Giuda ha pensato che ormai la sua vita non valesse più niente e non fosse importante più per nessuno.

Ancora qualche parola di don Mazzolari: "Povero Giuda. Povero fratello nostro! Il più grande dei peccati non è quello di vendere Cristo, ma quello di perdere la speranza in Lui". Anche Pietro ha tradito Gesù:
poi però ne ha incontrato lo sguardo, si è messo a piangere, Gesù gli ha ridato la sua dignità. Di fronte a Gesù non si può mancare di speranza: lui vuole bene anche a Giuda. "Non posso non pensare che anche per Giuda, la misericordia di Dio, questo abbraccio di carità, quella parola "amico", non abbia fatto strada nel suo povero cuore.

E forse, lo sa solo Dio, ricordando quella parola e il bacio che Gesù non ha rifiutato, avrà sentito che gli voleva ancora bene". Prima di lasciare questa chiesa, pensiamo al Giuda che c'è in noi. Chiediamo a Gesù, che ci accetta così come siamo, di chiamarci amici. Questa è la Pasqua: comunque, essere chiamati amici.

Preghiera a Maria sotto la croce

Sto presso la croce di Gesù,
desidero essere quel discepolo "che Gesù ama";
con me ci sono le donne che lo hanno seguito dalla Galilea,
testimoni mute della crocifissione del Maestro,
ma soprattutto c'è lei, Maria, la madre del Maestro:
una mamma forte e coraggiosa
come deve essere una mamma
che sopravvive alla morte del figlio,
che è costretta ad accompagnarlo al sepolcro,
costretta a sopravvivergli. Inumano!

Adesso Maria è in piedi, con una dignità che sorprende,
sostenuta da una fiducia che si è rafforzata in lei
nel corso degli anni fin dal momento in cui
il vecchio Simeone aveva preannunciato
con l'immagine della spada che trafigge l'anima,
la sua partecipazione alla vita donata del figlio di Dio.

Mi chiedo: quali potevano essere i pensieri di Maria
mentre Gesù veniva condotto alla croce?
Oso prestargli la mia voce e sentirla dire sotto voce
davanti al volto del figlio coperto di sangue:

«Figlio, ma perché… le tue labbra sono tumefatte, gli occhi gonfi,
perché quelle membra così scarnificate dai flagelli?
Figlio mio, che male hanno trovato in te i tuoi crocifissori
per condannarti a un supplizio così crudele e infamante?
E perché tutto questo accanimento,
questa ferocia, questa crudeltà?
Erano pensieri… le uniche parole che ho saputo dirgli sono state: "Figlio mio…".

Le stesse di quando lo rimproveravo da bambino.
Non osai toccare le sue piaghe.

Lo ha fatto per me la Veronica.
Con un gesto veloce che forse solo io ho visto
un gesto commovente perché materno:
è uscita dalla folla, si è avvicinata a Gesù,
e ha pulito come poteva il volto di Gesù.
Io continuavo a ripetere quel grido strozzato:
"Figlio mio..."
con un filo di voce sempre più debole,
che ebbe come risposta da parte di Gesù
uno dei suoi sguardi d'amore, come a dirmi:

"Grazie, madre mia, di essere qui.
Raccogli intorno a te i miei discepoli...".
Per grazia di Dio, non ero sola!
C'erano con me Miriam, Salome, Giovanni, e Maria Maddalena.
C'era anche Nicodemo e Giuseppe D'Arimatea:
fu lui che durante i colpi sui chiodi
che trafiggevano mani e piedi di Gesù, lo udì mormorare:
"Padre, perdona loro perché non sanno quello che fanno!".

Quelle parole fecero breccia anche nel mio cuore
e compresi che, con la sua passione e morte,
Gesù ci otteneva dal Padre il perdono dei peccati:
"Ecco l'Agnello di Dio che toglie i peccati del mondo".

Figlio mio, quanto è difficile per noi creature
perdonare veramente!
Tu ci insegni a perdonare di cuore.
Non soltanto con l'intelligenza,
cercando le motivazioni per giustificare chi ci offende;
non solo con la volontà, lottando per scacciare dal cuore
pensieri di vendetta e di risentimento.
nemmeno solo con i sentimenti, quei moti istintivi o duraturi
che nascono dentro di noi per giudicare chi ci ha trattato male.
Perdonare di cuore vuol dire amare chi ci ha fatto del male,
amarli pregando per loro.

Poi ricordo le ultime parole che Gesù mi ha rivolto:
"Donna, ecco tuo figlio!"
E le ultime sue parole ai discepoli:
"Figlio, ecco tua madre!"

E con questa ultima consegna ha concluso la sua vita.
Io sono tornata a casa e ho radunato i suoi discepoli
adesso erano tutti figli miei. Erano la Chiesa di mio figlio.

Siamo la Chiesa di Gesù, i discepoli che adesso sono tristi
ma fiduciosi che dal silenzio emerge la vita.

Amen!

Sabato santo: la veglia pasquale

"*O notte più chiara del giorno! O notte veramente gloriosa!*". La luce viene nel mondo le tenebre non possono vincerla: Cristo, luce del mondo, è davvero risorto! È la parola culmine di tutta la storia della salvezza che abbiamo ripercorso in questa veglia.

Mi soffermo sul vangelo. Ci racconta che le donne, all'alba del primo giorno della settimana, andarono a "*osservare il sepolcro*". Il verbo usato da Matteo non indica una semplice "visita" a una tomba, ma la contemplazione di un mistero: quella delle donne è una vera ricerca, mossa da un desiderio e guidata da una intuizione, una ricerca aperta all'imprevisto, all'accoglienza di qualcosa di nuovo, a qualcosa di inaudito e di incredibile che si svolge sotto i loro occhi: "*Ed ecco ci fu un grande terremoto... un angelo che, sceso dal cielo, si avvicina, rotola via la pietra e vi si siede sopra*". Terremoto e angelo sono segni che quello che avviene è qualcosa di divino. Il sedersi sopra la pietra indica la vittoria sulla morte. La morte sta sotto i piedi del risorto. "*Dov'è, o morte, la tua vittoria?*".

Matteo, come gli altri evangelisti, non racconta la risurrezione. Questa va creduta sulla parola: non però una parola qualsiasi, ma sulla parola di Gesù. "*È risorto, come aveva detto*". Due le reazioni riportate da Matteo: le guardie che sono piene di paura, letteralmente "*morte di paura*", e le donne che, rese gioiose dall'annuncio, partecipano alla risurrezione diventandone annunciatrici. "*Andate a dire ai suoi discepoli: È risorto dai morti, ed ecco, vi precede in Galilea; là lo vedrete*".

"*È risorto dai morti!*". È l'evento, il fatto, che ci permette di affermare che l'amore di Dio ha inondato il mondo; che l'amore di Dio è l'unica realtà di cui abbiamo davvero bisogno; che l'amore di Dio è l'unica forza in grado di farci vivere una vita piena; che l'amore di Dio si è fatto incontrare dalle nostre gioie e dalle nostre paure.

"*È risorto dai morti!*". Se questa sera abbiamo scelto di vivere la Veglia Pasquale, allora è come se anche noi fossimo stati investiti del ruolo di testimoni della buona notizia verso chi oggi è schiacciato dall'indifferenza o dal peso delle domande che la vita mette davanti. E la buona notizia è che Dio non si è ancora stancato di prendersi cura di noi; che la nostra vita ha un senso, anche quando non riusciamo a trovarlo; che, anche se l'angoscia, l'ansia e la stanchezza sono sempre in agguato, la risurrezione di Gesù ci fa sentire vivi testimoni della certezza che c'è un Dio che accoglie e che non abbandona; che la fede in Gesù risorto fa della comunità cristiana il luogo dove attingere a una speranza in grado di rispondere alle attese di ogni uomo.

"*È risorto dai morti!*". Oggi, ancora in molti negano che Gesù sia risorto: è forse l'orgoglio di non aver bisogno di nessun "ricostituente", neanche di tipo religioso, per sollevarsi dalle domande incalzanti cui non sempre sappiamo rispondere. Ma per chi ha scelto di "stare con Gesù", celebrare la Pasqua è avere il coraggio di verificare la propria fede nella risurrezione. Altrimenti, "*sarebbe inutile la predicazione e vana la stessa fede*".

Celebrare la Pasqua significa esaminare con sincerità quanto la nostra fede in Gesù risorto contraddistingua il nostro essere prete, suore, diaconi, sposi, genitori, operatori pastorali, catechisti, operai, professionisti, pensionati. Perché i discepoli devono tornare in Galilea? Perché lì hanno vissuto l'esperienza della loro vocazione; lì la loro vita è cambiata; lì hanno conosciuto, nel senso più intimo del verbo, un Amore grande, che perdona, su cui vale la pena scommettere la vita. Tornare in Galilea è tornare nel luogo del "primo amore", non per nostalgia, ma per riscoprire lo stesso Amore, non fallito, ma donato.

Ricordiamo la nostra Galilea personale, cioè il momento in cui abbiamo deciso di stare con lui. Anche i piccoli tradimenti e fragilità saranno consumati dal suo ardente amore.

Tempo di Pasqua

La concretezza della fede pasquale

Le donne avevano osservato dove Gesù era stato sepolto. Tutta sembrava finito. Invece tutto inizia adesso!

Le stesse donne hanno comprato oli aromatici per rendere onore al corpo di Gesù. Quelle che avevano assistito alla morte e alla sepoltura di Gesù, ora diventano testimoni della sua risurrezione. Mentre il discepolato maschile ha dato *forfait*, quello femminile emerge in primo piano. La decisione di andare al sepolcro non ha nulla di straordinario, perché, secondo le usanze del tempo in Palestina, i parenti e gli amici visitavano per tre giorni la tomba del loro defunto. Questo gesto però mostra la fragilità del discepolato anche delle donne, fa intuire la loro incredulità. Intanto ricompaiono in tre, da molte che erano in vista della croce. E poi, aspettando la fine del sabato, comprando aromi e andando al sepolcro non vengono minimamente sfiorate dal pensiero che Gesù potesse essere risorto, come invece aveva annunciato loro diverse volte.

Il v. 2 riporta ben tre annotazioni cronologiche: *di buon mattino - il primo giorno dopo il sabato - al levar del sole.* Sembra una ripetizione inutile, ma Marco non vuole dire solo che sono passate due notti dopo il tramonto del venerdì, ma che il "*sole vero*", quello che "*illumina ogni uomo*", è risorto; si è levato il sole atteso da tutta l'umanità.

«*Chi ci rotolerà via il masso dall'ingresso del sepolcro?*». Non ci sono effetti speciali, ma una domanda carica di realismo, molto concreta. Una domanda che prepara l'ascoltatore a cogliere poco per volta tutta l'importanza dell'evento che viene annunciato.

«*Il masso era già rotolato via*». Qui è presente tutta la potenza della vittoria di Gesù risorto sulla morte. Il sepolcro, infatti, rappresenta il regno dei morti, dove domina incontrastata la morte. Ma Dio, rotolando via il masso, dimostra tutta la propria superiorità rispetto alla drammatica realtà della morte. Bisogna notare infatti la presenza del cosiddetto "passivo teologico": «*era già stato rotolato*». Questa forma verbale ci ricorda che in questo sepolcro è Dio stesso che sta agendo, in tutto il fulgore della propria divinità (come simboleggia la *veste bianca*) e della propria regalità (rappresentata dalla posizione del giovane *seduto*, una dignità che compere solo a Dio). Il masso rotolato via dovrebbe ricordare la materialità della nostra fede: il rischio costante è separare il nostro essere cristiani in un Dio morto e risorto dalla nostra vita concreta che si svolge all'interno delle nostre case, dei nostri posti di lavoro o di svago.

«*Voi cercate Gesù Nazareno*». Tale concretezza è ulteriormente evocata nell'annuncio pasquale. Il *Nazareno*. Questa precisazione serve a Marco per ricordarci che quando parliamo dell'annuncio della risurrezione di Gesù non ci riferiamo a un'idea, ma a una persona cresciuta in un paese della Palestina di nome Nazareth, che due giorni prima di risorgere era finita sul patibolo.

«*Il crocifisso*». Non "uno" che è stato crocifisso, bensì "il" crocifisso. Ormai questo è il titolo d'onore di Gesù, espresso nell'originale greco con una particolare forma verbale che registra un'azione posta nel passato ma i cui effetti continuano a perdurare. È come se Marco volesse dire che Colui che è risorto non solo è stato crocifisso ma è permanentemente il crocifisso, perché il suo amore, quello espresso sulla croce, dura per sempre; la croce non è stata eliminata dalla risurrezione, ma è grazie alle sue piaghe che noi siamo stati guariti e salvati. Morte in croce e risurrezione gloriosa: le due realtà sono e devono restare intimamente unite.

L'esperienza del risorto!

"Perché cercate tra i morti colui che è vivo? Non è qui, è risorto. Ricordatevi come vi parlò quando era ancora in Galilea" (Lc 24, 1-12). Ecco le prime luci della Pasqua: il sabato è stato un giorno di attesa, il giorno successivo apre a qualcosa di nuovo. Le donne partono, di buon mattino, per completare un'opera iniziata e interrotta. Ed ecco la novità: trovano la pietra rotolata via e non trovano il corpo di Gesù. Le donne sono le prima a saperlo: sono incredule e impaurite, ma si è già acceso nel loro cuore una piccola scintilla, una gioia ancora incerta, ma che poi le spingerà a correre per dirlo a qualcuno.

Ecco due uomini: due perché così la loro parola diventa credibile. Annunciano l'agire impossibile di Dio. Le donne sono impaurite e chinano il volto a terra. Anche Abramo aveva chinato il volto, accogliendo la promessa di Dio: "*Signore, non capisco le tue parole, ma le accolgo. Non insinuo il sospetto sulla tua parola, la ospito. Questa parola l'ho attesa, ora mi è data*". Ed ecco la parola attesa: "*Perché cercate tra i morti colui che è vivo?*" Gesù, come Dio, è il Vivente. "*Ricordatevi!*"... fate memoria. Ricordare come Gesù ha parlato: la sua è una parola depositata nel cuore, una parola che oggi viene risvegliata. È una parola che fa parte del nostro bagaglio di persone che si sforzano di credere.

Ed ecco il ritorno per annunciare! Qui ci sono dei nomi, nomi di persone semplici. Dio sembra non aver paura della povertà della storia. C'è un intreccio commovente tra mistero e terra, tra divino e umano. Raccontano, non vengono prese sul serio, ma come delle illuse: un vaneggiamento, non di più. Ma Pietro è inquieto, corre al sepolcro, vede solo le bende, per terra. Torna a casa pieno di stupore. Pietro, colui che non ce l'aveva fatta a rimanere fedele fino in fondo, anche lui "ricorda" la parola che Gesù ha seminato nel suo cuore e si meraviglia.

"**Non è qui, è risorto!**". È una notizia che ha incrociato la libertà di un uomo, di una donna, di gente concreta che cammina anche nel dubbio, nella prova, nella fatica di credere. Ma è una notizia che non costringe, si propone. Questa bella notizia è offerta a persone che tentato di aprire il cuore a qualcosa che va al di là delle loro attese. Un conto è sentire una profezia, magari dalla stessa voce di Gesù, un conto è vederla realizzata. Ma è quella parola, detta all'inizio, che rende possibile l'accoglienza della risurrezione. E questo dice quanto importante sia curare la familiarità con la parola: è importante averla depositata nel cuore. Non ci dobbiamo preoccupare di sentirci inadeguati: la notizia della risurrezione è stata affidata a persone che hanno un nome, un volto e una storia non sempre a posto, sono persone che incrociano l'agire di Dio sul loro cammino. Dio si fida! Non ha paura di sporcarsi quando si affida all'uomo.

E noi dove troviamo l'esperienza del risorto? Troviamo il risorto quando accettiamo i nostri limiti e ci sforziamo di non subire l'insidia dell'affanno e dell'ansia. Troviamo il risorto quando amiamo anche la povertà delle nostre giornate e la fragilità dei nostri passi. Troviamo il risorto quando sentiamo il bisogno di affidarci a qualcuno e lo accettiamo. Troviamo il risorto quando al male ci sforziamo di rispondere con il bene. Troviamo il risorto quando ci lasciamo prendere per mano e ci lasciamo condurre.

Se non vedo...

"Perché mi hai veduto, tu hai creduto; beati quelli che non hanno visto e hanno creduto" (Gv 20, 19-31). Il clima era ormai teso. Si intuiva chiaramente che se Gesù fosse tornato a Gerusalemme avrebbe fatto una brutta fine. Per questo, quando lui aveva deciso di andare a consolare Marta e Maria per la morte di

Lazzaro, Tommaso aveva detto agli altri apostoli: "*Dai, andiamo anche noi a morire con lui!*". Gesù è ormai morto. È la sera del venerdì e Tommaso l'ha probabilmente passata sotto un vecchio ulivo nella valle del Cedron. Non sente né la fame né il freddo. Ha ancora negli occhi l'immagine straziata di Gesù, mentre la folla inferocita lo insulta. Anche lui era scappato, forse era rimasto impietrito, nascosto nella folla dei curiosi. Poi, la paura di essere riconosciuto. Tutto gli torna in mente: sente paura e rabbia. Morire con lui? Belle parole, ma poi… la paura.

È l'alba del primo giorno della settimana. Il sabato è passato. Forse le acque si sono calmate. Gli viene in mente la sala del piano superiore: forse i suoi amici sono ancora lì. Meglio aspettare sera: rasentando i muri, arriva alla porta e bussa. Silenzio. Poi qualcuno apre. Entra. E vede i suoi amici, ancora impauriti, ma con una voglia matta di parlare. "*Tommaso, abbiamo visto il Signore! È vivo!*". È sbalordito, stupito, un po' preoccupato. "*È così, Tommaso! Anche Cleopa l'ha incontrato sulla strada per Emmaus!*". Non sa cosa pensare, poi grida: "*Tu, Andrea, tu, Simone, tu, Giovanni? Voi mi dite questo? Dove eravate? Dovevamo morire con lui! Invece siamo fuggiti! No!!! Se non lo vedo, se non vedo le sue ferite io non crederò!*".

Il sorriso si spegne. Ha ragione Tommaso, che, anche se non capisce, resta con loro. E fa bene! Otto giorni dopo il maestro torna, apposta per lui. Gli altri sorridono, lui non sa cosa pensare: è ancora ferito. Gesù viene verso di lui, gli mostra le mani, i piedi e il fianco. "*Tommaso, so che hai molto sofferto!*". E subito cede: la rabbia, il dolore, la paura, lo smarrimento si sciolgono velocemente. Cade in ginocchio, piange e ride: "*Mio Signore e mio Dio!*".

Tommaso, patrono di tutti gli entusiasti che buttano il cuore oltre l'ostacolo, che ci credono a questo Gesù, aiuta quelli che hanno sperimentato sulla propria pelle il fallimento della propria vita. Dona loro di non lasciarsi travolgere dalla rabbia e dal dolore, ma di sapere che il maestro ama la loro generosità, come ha amato la tua. Tommaso, patrono di tutti gli scandalizzati dall'incoerenza della Chiesa, aiuta chi è stato ferito dalla spada del giudizio a non fermarsi alla fragilità dei credenti, ma di fissare lo sguardo sullo splendore del risorto che essi indegnamente professano. Tommaso, patrono dei tenaci, aiutaci a non sentirci migliori quando, come te, vediamo che i nostri fratelli nella fede sono deboli, ma a restare fedeli al grande sogno di Gesù che è la Chiesa e a convertirla a partire da noi stessi. Tommaso, patrono dei crocifissi senza chiodi, che hai visto nel segno delle mani del Signore riflesso lo sguardo che la sua morte aveva provocato nel tuo cuore, aiuta a vedere che il dolore, il nostro dolore è conosciuto da Dio. Tommaso, patrono dei discepoli, primo, tra i discepoli, ad avere creduto vera la divinità di Gesù, aiutaci a professare con franchezza la nostra fede nel volto di Dio che è quello di Gesù.

Lo Spirito "datore di doni"

Nel vangelo di questa domenica, Gesù, ormai vicino alla sua passione, illumina la relazione di amore che unisce il Padre, il Figlio e lo Spirito Santo. Siamo invitati, a nostra volta, a entrare in questa relazione, così che il Padre e il Figlio possano prendere dimora presso di noi e operare attraverso l'azione dello Spirito Santo che "*ci insegnerà ogni cosa e ci ricorderà tutto ciò che Gesù ha detto*".

È lo Spirito Santo, spirito d'amore, che unifica la persona del credente e la comunità cristiana a condizione che la nostra vita sia improntata all'amore: "*Se mi amate osserverete i miei comandamenti*". Gesù non inventa una nuova legge da osservare, ma ci invita ad amarlo e a ricordare tutto ciò che ha detto e ha vissuto. Il ricordo di lui è lo Spirito consolatore che ce lo restituisce in pienezza, perché ci fa amare di Gesù non una parola o un comando, ma la sua "bella" persona che ha conosciuto, insieme alla gioia, stanchezze, sofferenze, solitudine, morte e risurrezione. Lo Spirito Santo amore ci fa ricordare pure che Gesù si è sentito abbandonato da Dio, ma non ha mai ceduto alla disperazione, né ha sconfessato la sua vita, proprio perché l'amore di colui che egli chiama Padre è il principio unificante della sua vita e della sua persona.

È lo Spirito che rende uno il Padre con il Figlio. Ed è ancora lo Spirito che unifica la nostra persona, sempre in bilico tra le opere della carne e i frutti dello spirito. È ancora lo Spirito Santo amore che ci dà la forza di sentirci liberi e non più schiavi di noi stessi perché lo Spirito Santo ci mette con Gesù. Così ogni sofferenza che la vita ci riserva è sopportabile, e perfino buona. Nella nostra vita, nel nostro quotidiano abbiamo un grande bisogno di ricordare, non solo con la mente, ma anche con il cuore, tutto ciò che Gesù ha detto con le parole, ma anche con tutta la sua vita. Questo ricordo viene accompagnato da un sentimento di affetto riconoscente e dal dono dello Spirito Santo, che genera i frutti di amore, gioia, pace, pazienza, benevolenza, bontà, fedeltà, mitezza, dominio di sé.

Quanto preziosi e necessari siano tali frutti per la nostra vita di ogni giorno, noi lo sappiamo bene, poiché rischiamo continuamente, se non ci lasciamo guidare dallo Spirito, di fare esperienza delle opere della carne: inimicizie, discordie, gelosie, dissensi, divisioni, invidie… . Nella vita in famiglia, per esempio, siamo esposti al rischio di dimenticare l'insegnamento di Gesù. Essersi sposati nel Signore non è "un'assicurazione sulla felicità", ma richiede una costante accoglienza dello Spirito Santo e della sua azione personale d'insegnamento e di richiamo alla nostra memoria del ricordo vitale della Parola. Il comune riferimento da parte dei due sposi allo Spirito Santo non mette al riparo dai rischi dell'egoismo che insidiano l'unione coniugale, ma offre al matrimonio cristiano non solo uno statuto condiviso, ma anche un aiuto personale a vivere l'amore gratuito. Un cristiano ha sempre qualcosa da imparare dal suo Signore, ed ha sempre la necessità, nella dispersione e nella frammentazione della vita quotidiana, di fare memoria della sua Parola: questo è il dono dello Spirito Santo. Chi pensa di poter "vivere di rendita" del patrimonio ricevuto in tempi lontani, dall'educazione dei genitori o dal catechismo, rischia di fronte ai tanti pericoli cui oggi è esposto il credente. La bellissima "sequenza" della pentecoste, "*Vieni Santo Spirito, manda a noi dal cielo un raggio della tua luce*", è una sintesi mirabile dei doni destinati "*ai fedeli che solo in lui confidano*".

Chi mangia me, vivrà per me!

La solennità di oggi mi offre ancora una volta l'opportunità di riflettere sul mio atteggiamento davanti all'Eucaristia, di fronte a questo grande mistero della fede e dell'amore. Se vado indietro con la memoria, mi vengono in mente tutta una serie di ricordi: partecipo quotidianamente alla messa da quando ho ricevuto la prima comunione e ho iniziato a fare il chierichetto; in seminario ho imparato che, come cristiano, non posso fare a meno dell'Eucaristia; mi emoziono ancora al pensiero della mia prima messa, quando nelle mie mani quel pane e quel vino sono diventati realmente il corpo e il sangue di Gesù; riconosco anche la mia debolezza, e talvolta anche la fatica, nel dover celebrare più volte al giorno, correndo il rischio della ripetitività e dell'abitudine di fronte al mistero. Eppure le parole di Gesù, a proposito del "*pane del cielo*", lette e rilette tante volte, e chissà quante altre volte meditate e spezzate nell'omelia, mi giungono anche stavolta come nuove.

Sono colpito dalla "durezza" delle parole usate da Gesù, nella sinagoga di Cafarnao. Ha parlato di carne e sangue, di cibo e bevanda, di mangiare e bere. La reazione della gente è stata di scandalo: "*Come può costui darci la sua carne da mangiare!*". Gesù ha usato volutamente questo linguaggio "duro", ma "chiaro". Gli interessa, allora come oggi, che capiamo che noi abbiamo davvero bisogno di lui, così come il nostro corpo ha davvero bisogno di mangiare e di bere. Vuole che siamo convinti e consapevoli che lui non è una comparsa nella nostra vicenda umana, ma il protagonista. Vuole che sia chiaro che il pane del cielo, il suo Corpo ed il suo Sangue, sono, per sempre, lo strumento privilegiato del nostro rapporto con lui. Proprio per questo arriva ad affermare: "*Se non mangiate la mia carne e non bevete il mio sangue non avete in voi la vita*". È una provocazione evidente per chi dice: io prego, ma non ho bisogno di nessuna liturgia; io vado in chiesa, ma preferisco quando non c'è nessuno, perché mi dà fastidio la confusione. È assurdo dire: io credo, ma non pratico. È vero anche che forse si è insistito troppo sulla partecipazione all'Eucaristia domenicale come a un precetto da assolvere e basta: "ho preso" messa, quindi sono a posto.

È più giusto invece ricordare a tutti, con forza, che partecipare alla messa è un'esigenza, prima ancora che un obbligo. "*Sine dominico non possumus*": affermava un gruppo di cristiani della città di Abitene in Africa agli inizi della Chiesa. Non ci si può dire cristiani senza vivere la domenica celebrando l'Eucaristia insieme alla propria comunità. Questa "idea" quei cristiani l'hanno pagata con il martirio, per noi purtroppo restano solo delle "belle parole". Allora deve esser ribadito con entusiasmo che senza questo pane non c'è vita, proprio come senza manna gli ebrei non sarebbero arrivati alla terra promessa, proprio come Elia ebbe bisogno del pane donatogli dall'angelo per camminare quaranta giorni e quaranta notti attraverso quel deserto, che è spesso la vita di ogni giorno, ed arrivare al monte di Dio. A chi pensa che si possa "saltare" ogni tanto la messa, o perché si è in ferie, o perché fuori all'estero, o perché è estate e fa caldo, o semplicemente perché non ne ho la voglia, desidero dire che, come per vivere non basta l'aria, così non basta dirsi cristiani per esserlo davvero: la messa della domenica è il nutrimento di cui abbiamo bisogno per essere dei "buoni" cristiani, un nutrimento che è composto in modo inseparabile dalle due mense: la Parola e l'Eucaristia, la prima si fa carne nella seconda.

La festa del "*Corpus Domini*", sottolinea anche un altro aspetto dell'Eucaristia: "*Io sono il pane del cielo*". La liturgia ci ricorda che non si tratta di una presenza simbolica, o solo "spirituale" di Gesù, ma di una presenza "reale", come diceva il semplice catechismo di Pio X: "*in corpo, anima e divinità*". Avvicinarsi al sacerdote per ricevere l'Eucaristia non è un gesto senza conseguenze; non è una semplice forma di solidarietà, o un modo per sottolineare il nostro essere comunità. È necessario avvicinarsi a questo pane sempre con trepidazione, con timore, con amore: se Dio non ci ama "*per scherzo*", perché noi ci avviciniamo a lui talvolta sovrappensiero, quasi per abitudine, senza chiederci se siamo in grazia di Dio, "*facendo la comunione*" anche se ci troviamo in quelle situazioni in cui la comunione tra di noi è rotta, perché non riusciamo a perdonare chi ci ha fatto un torto? E comunque è anche bene ricordare che l'Eucaristia non è solo il "*pane degli angeli*", è anche il "*pane dei viandanti*", il "*cibo dei pellegrini*", la risorsa cui noi peccatori possiamo ricorrere per essere sostenuti nella fatica del vivere quotidiano, la spalla cui appoggiarci per riprendere il fiato e la strada.

Mistero della fede, realtà d'amore!

L'evangelista Luca riporta il ricordo di una sola moltiplicazione dei pani e racconta il fatto come un gesto di compimento del passato; alcuni particolari rimandano alla moltiplicazione dei pani del profeta Eliseo, che aveva sfamato cento persone, mentre qui sono cento gruppi di cinquanta. Dunque quello di buono che era accaduto nell'Antico Testamento ora avviene in modo perfetto e si realizzano le promesse di Dio fatte al suo popolo. Vi è una seconda sottolineatura: Gesù invita i discepoli a dare loro da mangiare alla folla, **li invita a farsene carico**. Poco prima Gesù stesso si era messo a disposizione della gente nonostante volesse appartarsi per riposare. Anche noi siamo invitati a rispondere alle domande che gli uomini pongono: da quelle del cibo e del vestito, alle domande di senso che molti rivolgono alla Chiesa. Si tratta di andare incontro in prima persona ai bisogni della storia e non aspettare che siano gli altri a farlo. In terzo luogo, si può notare come la descrizione della moltiplicazione dei pani rimandi all'Eucarestia: si pensi, ad esempio, alla sequenza dei gesti compiuti da Gesù, che rinvia a quelli della cena con i discepoli di Emmaus: *prendere i pani, alzare gli occhi al cielo, benedire, spezzare i pani e darli ai discepoli.*

Ci si potrebbe chiedere: perché dedicare una domenica a parlare esclusivamente dell'Eucarestia? Semplice: **perché è il centro della nostra vita cristiana**. Essa salva il nostro passato, perché ricollega la nostra storia ad una storia "altra", quella di Gesù che ci ha insegnato la verità e ci ha lasciato in questo sacramento il memoriale dell'offerta della sua vita al Padre e per noi. Ma ci sono altri motivi: l'Eucarestia è salvezza nel presente, perché mentre noi accogliamo nella nostra vita quel pane e quel vino, noi ci rendiamo conto di un amore che ci sorregge, che la nostra vita ha un fondamento, ha un nutrimento e questo sacramento apre alla condivisione, rendendo reale il sogno della comunione tra gli uomini. Infine quel pane e quel vino salvano il nostro futuro, perché la nostra storia non trova più un cielo chiuso sopra di lei; la nostra giornata non si dispiega più soltanto tra un'alba e un tramonto, ma è orientata al Signore che apre prospettive di eternità, perché quel Corpo e quel Sangue sono offerti annunciando il Suo ritorno. Rinnoviamo la fede nell'Eucarestia e ne beneficerà tutta la nostra vita.

Il miracolo del pane condiviso afferma con forza e semplicità che amare significa dare. Oggi è la festa della vita donata, del Corpo e del Sangue dati a noi: *partecipare al Corpo e al Sangue di Cristo non tende ad altro che a trasformarci in quello che riceviamo* (S. Leone Magno). Dio è in noi: il nostro cuore lo assorbe, lui assorbe il nostro cuore, e diventiamo una cosa sola con lui. L'uomo è l'unica creatura che può avere Dio nel sangue, come avere in noi un cromosoma divino. Gesù parlava alle folle del Regno e guariva quanti avevano bisogno di cure. Parlava del Regno, annunciava la buona notizia che Dio è vicino, con amore. E guariva. Il Vangelo trabocca di miracoli. Gesù tocca la carne dei poveri, ed ecco che la carne è guarita, occhi nuovi che si incantano di luce, un paralitico che danza nel sole con il suo lettuccio, diventano come il laboratorio del regno di Dio, il collaudo di un mondo nuovo, guarito, liberato, respirante. E i cinquemila a loro volta si incantano davanti a questo sogno, e devono intervenire i Dodici: *Mandali via, tra poco è buio, e siamo in un luogo deserto.* Si preoccupano della gente, ma adottano la soluzione più meschina: *Mandali via.* Gesù non ha mai mandato via nessuno.

Il primo passo verso il miracolo, condivisione piuttosto che moltiplicazione, è una improvvisa inversione che Gesù imprime alla direzione del racconto: *Date loro voi stessi da mangiare.* Un verbo semplice, asciutto, pratico: *date.* Nel Vangelo il verbo amare si traduce sempre con un altro verbo concreto, fattivo, di mani: dare (*Dio ha tanto amato il mondo da dare il suo Figlio* (Gv 3,16), *non c'è amore più grande che dare la vita per i propri amici* (Gv 15,13). Gli apostoli non possono, non sono in grado, hanno soltanto cinque pani, un pane per ogni mille persone: è poco, quasi niente. Ma la sorpresa di quella sera è che poco pane condiviso, che passa di mano in mano, diventa sufficiente; che la fine della fame non consiste nel mangiare da solo, voracemente, il proprio pane, ma nel condividerlo, spartendo il poco che hai: due pesci, il bicchiere d'acqua fresca, olio e vino sulle ferite, un po' di tempo e un po' di cuore. La vita vive di vita donata. *Tutti mangiarono a sazietà.* **Quel tutti è importante**. Sono bambini, donne, uomini. Sono santi e peccatori, sinceri o bugiardi, nessuno escluso. Pura grazia. È volontà di Dio che la Chiesa sia così: capace di insegnare, guarire, dare, saziare, accogliere senza escludere nessuno, capace come gli apostoli di accettare la sfida di mettere in comune quello che ha, di mettere in gioco i suoi beni. Se facessimo così ci accorgeremmo che il miracolo è già accaduto, è in una prodigiosa moltiplicazione: non del pane ma del cuore.

Siamo ricchi di ciò che doniamo. *Mandali via, è sera ormai e siamo in un luogo deserto.* Gli apostoli hanno a cuore la gente, ma solo in parte, è come se dicessero: lascia che ognuno si risolva i suoi problemi da solo. Gesù non li ascolta, lui non ha mai mandato via nessuno, vuole fare di quel deserto, di ogni nostro deserto, una casa dove si condividono pane e sogni. Per i discepoli Gesù aveva finito il suo lavoro: aveva predicato, aveva nutrito la loro anima, era sufficiente. Per Gesù no. Lui non riusciva ad amare l'anima e a non amare i corpi: «*parlava alle folle del Regno di Dio e guariva quanti avevano bisogno di cure*». In tutta la Bibbia l'uomo non «ha» un corpo, «è» un'anima-corpo, senza separazioni. Il Vangelo trabocca di miracoli compiuti sui corpi di uomini, donne, bambini. I corpi guariti diventano come il laboratorio del Regno, il collaudo di un mondo nuovo, risanato, liberato, respirante. Si tratta di un mondo che diventa casa: «***fateli sedere in gruppi***», metteteli in relazione tra loro, che facciano casa. Gesù avanza questa pretesa irragionevole e profetica (*voi date da mangiare*) per dire a noi, alla Chiesa tutta di seguire la voce della profezia, non quella della ragione; di imparare a ragionare con il cuore, il cuore sognatore di chi condivide anche ciò che non ha.

Doniamo, allora, anche il poco tempo che abbiamo a disposizione. Non conta la quantità ma l'intensità. E vedremo che il tempo e il cuore donati si moltiplicheranno. Vedremo che torneranno a noi ore più liete, giorni più sereni, battiti danzanti del cuore.

Come ricevere degnamente l'Eucaristia!

Fin dalle sue origini la Chiesa apostolica ha espresso la convinzione di fede che i discepoli s'incontrano con il Risorto, ne fanno esperienza nel primo giorno dopo il sabato, ascoltando la Parola di Dio e la sua spiegazione e spezzando il pane eucaristico (cfr. Lc 24, 13-35; Al 20, 7-12). La predicazione degli apostoli, poi, illustrava ai fedeli la grandezza del Sacramento dell'altare e le disposizioni interiori necessarie per potervi partecipare con frutto, senza correre il rischio di mangiare e bere la propria condanna (cfr. 1Cor 11,29), ma al contrario perché mangiando di quel pane, Corpo di Cristo dato per la vita del mondo, chi crede possa avere la vita eterna (cfr. Gv 6,51).

È quindi preciso dovere di ogni fedele fare attenzione a come riceve il Corpo di Cristo e se si impegna a plasmare la propria vita ad immagine di Colui che nel sacramento viene ricevuto. La pietà e la venerazione interiore con cui i fedeli si accostano all'Eucaristia **si manifesta anche esteriormente nel modo con cui essi ricevono il Pane consacrato.**

Perciò è opportuno richiamare ogni tanto qual è l'atteggiamento con cui ci si può accostare all'Eucaristia perché si eviti il più possibile che sia trattata con superficialità o addirittura in modo irriverente o, peggio ancora, sacrilego. Dobbiamo infatti prendere atto che purtroppo, nella nostra "libera" società, ci sono ancora casi di profanazione dell'Eucaristia, approfittando soprattutto della possibilità di accogliere il Pane consacrato sul palmo della mano. Per tale motivo è bene vigilare sul momento della santa Comunione partendo dall'osservanza di alcune semplici regole.

1) La distribuzione dell'Eucaristia deve avvenire in modo ordinato, dai sacerdoti e dai diaconi; in caso di necessità anche da laici, i ministri straordinari. Chi distribuisce l'eucaristia vigili che ogni fedele dopo aver ricevuto il Pane consacrato lo consumi immediatamente davanti al ministro e che per nessun motivo lo porti al posto, oppure lo metta in tasca o in borsa

2) Prima di mettersi in fila, è opportuno chiedersi se si è in "grazia di Dio", valutando onestamente la propria vita e se è il caso di accostarsi prima al sacramento della Riconciliazione: normalmente al sabato pomeriggio, c'è un sacerdote in chiesa proprio per questo. Se, per i più svariati motivi, sei arrivato in ritardo a messa, non è il caso di ricevere la comunione, anche perché la messa non è divisibile in parti più o meno importanti o necessarie: la liturgia della parola completa la liturgia eucaristica e viceversa.

3) L'eucaristia si può ricevere in due modi: direttamente in bocca, sulla lingua, oppure sul palmo della mano. Se si sceglie questa seconda possibilità, è bene fare attenzione a queste indicazioni: le due mani, la destra sotto la sinistra, o viceversa, se sei mancino, formano insieme una specie di trono (evitare sempre la presa al volo!); è bene assicurarsi che le mani siano pulite, in inverno senza guanti; alle parole "Il corpo di Cristo" è bene rispondere "Amen" a voce alta: è un atto di fede nella presenza reale di Gesù nel segno del pane.

4) Solo dopo l'Amen, si può prendere l'ostia con le dita e portarla alla bocca, lì davanti al sacerdote o spostandosi un po' di lato a destra o a sinistra; è quantomeno inopportuno tornare al posto con la particola in mano.

5) Tornati al posto dove si era prima, è buona cosa fare silenzio, concentrarsi sul gesto che si è appena vissuto, rivolgere il proprio pensiero a Gesù, presentargli le proprie necessità, partecipare al canto, ma soprattutto non mettersi a chiacchierare con il proprio vicino.

Tempo Ordinario

La novità cristiana

Ogni tanto, quando sembra che le pagine del vangelo siano "troppo" lunghe per la pazienza dei fedeli o per la loro "tenuta" di ascolto, si può scegliere una "forma breve", più ridotta per aiutare l'attenzione. Io sono convinto, invece, che ascoltare per intero i brani della Scrittura, anche quelli più lunghi, sia un dono, una grande e bella opportunità che ci viene offerta e di cui dobbiamo approfittare. Oggi, per esempio, sarebbe un vero "peccato" non ascoltare per intero una delle pagine più potenti di tutta la Bibbia. Prima di tutto notiamo la grande passione di Gesù per la Parola di Dio: la sua missione è quella di realizzarla fino in fondo a favore degli uomini. Quelli che vogliono essere suoi discepoli devono cercare di fare altrettanto, amando la Parola e insegnando a chi ci sta vicino a fare altrettanto.

"*Avete inteso che fu detto agli antichi... Ma io vi dico...*": questa struttura letteraria ha portato gli studiosi a parlare di "antitesi", cioè di due realtà che stanno in contrapposizione tra di loro, l'Antico e il Nuovo Testamento, la Vecchia e la Nuova Alleanza. In realtà, la tradizione della Chiesa ha sempre evidenziato la profonda unità e continuità tra i due Testamenti e tra le due Alleanze, in quanto il Dio che ha parlato ai Padri non è un altro Dio rispetto al Padre che si è rivelato nel volto di Gesù. Bisogna quindi stare attenti a non creare un contrasto che in realtà non c'è. Gesù non si mette contro la Legge, ma cerca di indicarne il senso più profondo e autentico.

La prima indicazione è sul comandamento "*Non uccidere*": non si uccide solo materialmente. L'arma più potente che l'uomo ha a disposizione per "far fuori" il suo prossimo è il proprio cuore: si può eliminare l'altro offendendolo, comportandosi come se non esistesse o, peggio ancora, agendo in modo tale da relegarlo ai margini della società: un cuore diviso creerà divisioni, un cuore riconciliato permetterà al "*Non uccidere*" di raggiungere il suo scopo: essere una parola che dà vita.

La seconda indicazione di Gesù è su un altro comandamento: "*Non commettere adulterio*": la passione che si scatena in modo disordinato "mortifica" la dignità dell'altro o dell'altra. Gesù ci invita a fare qualsiasi sforzo (è questo il senso delle parole dure: *cavare, tagliare, gettare*) pur di non permettere che la foga passionale riduca la persona a semplice oggetto di piacere. Un uomo o una donna che faranno di tutto per non lasciarsi dominare dalle passioni permetteranno al "*Non commettere adulterio*" di fare dell'altro un essere libero e rispettato in tutta la sua dignità.

La terza indicazione è sul comandamento "*Non spergiurare*": le relazioni interpersonali, per essere fraterne, come conviene a dei discepoli di Gesù, hanno bisogno di fiducia reciproca. Se manca la fiducia, il giurare per qualcosa o per qualcuno, fosse anche Dio stesso, rivela una mancanza di autenticità, di lealtà, di trasparenza. Come si vede, questa pagina del Vangelo ci porta a camminare su vette altissime, vette percorse per primo da Gesù stesso. E questa pagina non è ancora finita.

Gesù continua a offrire delle "preziose" indicazioni. È chiaro ed evidente: anche nelle parole successive, nessuno sconto! "*Occhio per occhio e dente per dente*": quando, per primo, il grande Hammurabi, incise questa "conquista" della convivenza umana e civile, superò di fatto l'usanza di lasciare a ciascuno la possibilità di farsi giustizia da solo oppure di lasciarsi andare a forme di vendetta che ne avrebbero di sicuro innescato altre, Anche la Bibbia, Parola di Dio incarnata nelle culture degli uomini, ha fatto propria questa conquista del convivere umano. Gesù desidera liberare il vero significato delle parole antiche: chiede alla comunità dei discepoli di incidere efficacemente nella società degli uomini scegliendo uno stile di vita che vada al di là anche della legge del taglione. La sua proposta sembra impossibile: a chi usa la violenza fisica, rispondere con un atteggiamento aperto al dialogo; a chi usa addirittura della legge per derubare, rispondere lasciandosi portare via anche quello che non cercava di rubare; a chi usa del proprio potere per obbligare a fare qualcosa contro voglia, rispondere con la disponibilità a fare il doppio di quanto preteso con costrizione; a chi chiede aiuto, non esitare a prestare soccorso.

Queste richieste di Gesù fanno venire i brividi. Eppure, Gesù trae la credibilità delle sue parole dal suo stesso esempio di vita: schiaffeggiato, rispose con animo aperto al confronto; denudato per essere flagellato e crocifisso, rispose dando tutto se stesso; umiliato da un potere religioso e politico corrotti, rispose diffondendo mansuetudine e perdono; ricercato soprattutto da chi era messo ai margini della società, a tutti dava la possibilità di essere ascoltati. Se i discepoli di Gesù oseranno plasmare il proprio comportamento sociale a immagine di quello di Gesù, l'antica legge del taglione lascerà il posto a una nuova visione di lotta contro l'ingiustizia e la violenza.

"*Amerai il tuo prossimo e odierai il tuo nemico*": come contrastare la prassi anche oggi di moda di dividere il prossimo in amico e in nemico? Secondo Gesù, nella comunità cristiana, ma dovrebbe essere così anche in quella civile, l'altro è una persona da amare incondizionatamente, anche quando si mostra ostile nei nostri confronti. Anzi, per Gesù, un tale comportamento è ciò che contraddistingue i discepoli di Cristo dai pubblicani, da coloro che fanno di tutto per avere un tornaconto personale, disprezzando ogni relazione interpersonale che comporti impegno e spirito di donazione. Solo chi è disposto a lasciarsi coinvolgere da questa "scomoda" indicazione di Gesù può scoprire anche in chi la pensa in altro modo un fratello, un figlio dell'unico Padre nostro.

Le parole "radicali" di Gesù ci hanno condotto a scoprire una fraternità di vita che permette ai discepoli di sperimentare la "**perfezione**" dell'amore di Dio. Questa è la libertà che scaturisce dalla legge se correttamente intesa: ci permette di vivere da figli di Dio e di fare della comunità cristiana un vivere da fratelli capace di influire con forza nella storia dell'umanità.

Camminare sulle acque della storia!

Gesù sembra seriamente intenzionato a dare una "lezione" ai suoi discepoli che stanno vivendo il "successo" della condivisione dei pani e dei pesci. "*Subito dopo Gesù li costrinse a salire sulla barca e a precederlo sull'altra riva*". Le parole di Gesù devono essere state dure, accompagnate anche dalla serietà del suo volto. I discepoli, forse a malincuore, obbediscono. Ma perché Gesù si comporta così? Il contesto dell'episodio può aiutarci a capire. I discepoli si trovano davanti una *folla,* di più di cinquemila persone, certamente entusiasta del gesto di Gesù. Giovanni ci informa che volevano *farlo re*! Per loro seguire Gesù adesso risulta facile, "gustano" un momento di successo. Gesù non ci sta. Per lui l'essere discepolo non deve appoggiarsi sui successi della propria missione, ma confrontarsi sinceramente ogni giorno con le proprie fragilità e i limiti delle persone della propria comunità, perché solo così la fiducia nelle proprie capacità può lasciare il posto alla fiducia nella misericordia di Dio. Per questo, dopo il successo del pane condiviso, Gesù costringe i suoi a misurarsi con la pochezza della loro fede invitandoli ad affrontare una traversata notturna.

Gesù desidera che i suoi discepoli non si facciano ingannare da quella autoesaltazione che deriva dai risultati raggiunti nella propria testimonianza e così decide di raccogliersi in preghiera, "*sul monte, in disparte. Venuta la sera, egli se ne stava lassù, solo*". Se il tempo di preghiera di Gesù è direttamente proporzionale all'importanza di ciò che successivamente egli vuole far comprendere ai suoi discepoli, significa che adesso ci troviamo di fronte a una rivelazione evangelica essenziale e importante. "*La barca intanto distava già molte miglia da terra ed era agitata dalle onde: il vento infatti era contrario*". La comunità cristiana di ogni tempo non ha faticato a immedesimarsi in questo piccolo gruppo: come loro, anche la Chiesa vive la precarietà dovuta alle **onde** della storia nella quale è chiamata a camminare e al **vento contrario** che le soffia il mondo. Notiamo anche che il testo non dice che questi uomini hanno paura. Alcuni sono esperti pescatori, hanno navigato spesso di notte e per essi è normale che ogni tanto il lago sia mosso. Non si tratta, infatti, di una pericolosa tempesta.

Ciò che li spaventa, invece, è Gesù, mentre si avvicina a loro camminando sulle acque: "*furono sconvolti e dissero: È un fantasma! e gridarono dalla paura*". Per tranquillizzarli, Gesù si rivela a loro come il Dio dell'esodo, il Dio che ha un solo desiderio, quello di liberare il suo popolo dalla schiavitù: **Sono io!** Tuttavia, la rivelazione di Gesù, rispetto a quella dell'esodo, è caratterizzata da una maggiore tenerezza e umanità: "*Coraggio, non abbiate paura*", lasciando così intravedere i lineamenti paterni e materni di Dio. Se si scopre che Dio è padre e madre insieme, si è spinti ad andare da lui con la stessa fiducia del bambino: "*Pietro scese dalla barca, si mise a camminare sulle acque e andò verso Gesù*". Personalmente mi piace molto il carattere di Pietro. Per me, infatti, è commovente vedere la passionalità, lo slancio, il trasporto interiore con cui Pietro cerca di anticipare l'abbraccio con il suo Signore. Pietro, in questo episodio, mi ricorda i bambini quando imparano a camminare. Nell'entusiasmo, e anche un po' di cocciutaggine, di arrivare fino al papà o alla mamma con i loro piedi, sono disposti ad affrontare il "mare aperto", rappresentato da quei pochi centimetri che li separa dalla persona di cui si fidano. Finché lo sguardo è orientato sulla mèta, tutto bene! Ma appena si distraggono, la caduta è inevitabile: "*Vedendo che il vento era forte, s'impaurì e, cominciando ad affondare, gridò: Signore, salvami!*". in quel momento di instabilità l'unico gesto che i bambini fanno è quello di gettarsi nelle braccia dei genitori esprimendo il loro bisogno di aiuto. Forse Pietro, come i bambini nei loro primi autonomi passi, si fida troppo di se stesso, del proprio "successo" sulle acque. Scopre, in questo modo, che la sua vera forza consiste nel lasciarsi afferrare dalla mano di Gesù ogni volta che si accorge di **affondare**: "*Subito Gesù tese la mano e lo afferrò*".

Tanti elementi convincono i discepoli che in Gesù dimora la divinità stessa di

Dio. Ma mi piace pensare che ciò che più li ha convinti è stato l'abbraccio affettuoso di Gesù a Pietro.

Appesi all'amore!

Per capire il senso della discussione intavolata con Gesù da un dottore della legge intorno al "grande comandamento", può essere utile spiegare le parole che concludono il vangelo di oggi: "*Da questi due comandamenti dipendono tutta la Legge e i Profeti*". Tutta le Legge e i Profeti **dipendono**, o meglio, **sono appesi** ai due comandamenti dell'amore a Dio e al prossimo. Il verbo qui usato da Matteo richiama l'immagine di oggetti appesi a un chiodo: se il chiodo non reggesse, gli oggetti cadrebbero. Così è per il duplice comandamento dell'amore: senza questo **chiodo** tutta la Scrittura non starebbe in piedi, cadrebbe al suolo. Gesù invita dunque a scorgere nel grande comandamento dell'amore l'anima, il cuore, la forza portante di tutti i numerosi precetti contenuti nella Legge di Mosè, e di tutti gli insegnamenti dei Profeti che ne sono come il commento e l'interpretazione. Esso è ciò che sorregge tutto, il principio fondamentale che anima tutta la vita, "*ciò per cui esiste tutto il resto*". Una bella immagine è quella usata da Jacopone da Todi: l'amore di Dio e del prossimo sono come due ali che fanno volare tutta la Legge e la fanno volare in alto, verso Dio, nella "*salita*" che conduce a lui.

Gesù, però, non si limita a mettere in primo piano la centralità del comandamento dell'amore: la sua originalità sta proprio nell'accostare i due comandamenti dell'amore a Dio e verso il prossimo, in modo che è impensabile osservarne uno senza contemporaneamente osservare anche l'altro. Come non è possibile volare con un'ala sola! I due comandamenti stanno insieme: non ci sono due amori diversi, al massimo due direzioni dello stesso amore. Di solito diciamo che a Dio va la totalità dell'amore ("*con tutto il cuore, l'anima e la mente*"), mentre al prossimo "**solo**" la misura dell'amore di sé. E questo va bene: anche nell'amore infatti il primato spetta a Dio: lui solo va **adorato**! Ma bisogna fare attenzione a intendere in modo corretto questo primato. Se il comandamento dell'amore di Dio è "*il grande e il primo*", il comandamento dell'amore del prossimo è "*simile a quello*". Quel "**simile**" non indica una debole rassomiglianza, ma una somiglianza forte: è di pari valore, della stessa importanza. Il primato dell'amore verso Dio non sottrae il valore dell'amore verso il prossimo, anzi, si può dire addirittura che lo rende necessario, lo esige. L'amore di Dio richiede, quasi per necessità, l'amore al prossimo. Chi vuole amare Dio non può non amare nello stesso tempo anche il proprio fratello. Altrimenti è un **bugiardo**, direbbe san Giovanni.

L'amore per il prossimo è come uno specchio del nostro amore per Dio. Se amiamo veramente Dio, questo lo si può vedere solo dall'amore che siamo in grado di donare ai fratelli. Nell'amore al prossimo si rende visibile l'amore verso Dio. Santa Caterina da Siena attribuisce queste parole al Signore: "*Una sola cosa sono l'amore per me e l'amore per il prossimo, e l'anima tanto ama il prossimo quanto ama me, dal momento che l'amore del prossimo scaturisce dall'amore di Dio*". Il legame indissolubile che unisce i due comandamenti trova la sua origine nel fatto che l'uomo è creato a immagine e somiglianza di Dio. È in questo rapporto di somiglianza che l'uomo può amare Dio nell'amore che dona all'altro, uomo o donna che sia. Quel "*come te stesso*" non indica solo la più grande intensità dell'amore che un uomo è capace di donare a un altro uomo, ma dice anche che bisogna amare il prossimo perché egli è come **un altro se stesso**. In questo caso il "*come te stesso*" è riferito al sostantivo "prossimo" più che al verbo "amare". Se nel prossimo si riconosce la propria immagine è perché si riconosce l'immagine divina che è in lui. Qui umano e divino si incontrano fino a formare una cosa sola: i comandamenti sono due, ma, nello stesso tempo, sono uno solo. Probabilmente è proprio questo che suscita scandalo e sconcerto: il prossimo è **simile** a Dio. Così come il secondo comandamento è **simile** al primo.

"*Non molesterai il forestiero... perché voi siete stati forestieri...*". Così inizia la prima lettura tratta dall'Esodo. Il forestiero è il forestiero che "**voi**" un tempo siete stati. Esso va accolto e amato perché è "<u>come te stesso</u>". In questo modo la Scrittura ci fa capire le motivazioni profonde del nostro agire verso il prossimo. A fondamento di tutto c'è l'amore di Dio che per primo ci ha amato. Dio Padre ci invita ad essere come lui che "*protegge i forestieri... e sostiene l'orfano e la vedova... e viene in soccorso al povero che grida...*". È nell'essere **pietosi** come il Padre che si realizza la nostra somiglianza con lui. Divina e umana.

Il gelso e il seme di senapa

"*Gesù mio misericordia*": questa tradizionale invocazione, a volte usata come esclamazione di fronte a situazioni o a notizie improvvise, segno di fede se si recupera il suo vero significato, mi viene spontanea leggendo il vangelo di oggi, che racconta del "povero" epulone che, a tempo scaduto, chiede consolazione e ristoro per affrontare il tormento doloroso della pena che gli è stata riservata.

Povero perché sembra aver perso definitivamente il tesoro del Regno, condannandosi ad una condizione di sofferenza perenne. I due protagonisti della parabola sembrano morire prima di invecchiare: uno di stenti, l'altro forse per i problemi di una alimentazione troppo abbondante. Si tratta di condizioni contrastanti, che spesso ancora oggi convivono a poca distanza e ci interrogano. Anche la nostra quotidianità ci porta a confrontarci con condizioni planetarie, ma anche molto vicine a noi. Spesso ci chiediamo come starci dentro senza lasciarsi avvolgere dall'indifferenza dell'epulone e senza per questo vivere come moralmente inaccettabile una condizione di non povertà economica.

L'epulone viveva in un mondo chiuso che lo portava a non accorgersi di nessuno e con lui sembra anche i suoi fratelli e compagni di vita, che , paradossalmente, avevano uno sguardo più attento agli animali di casa che alle persone. Lazzaro vive una povertà non insistente, non disturbante. Non chiama, non inveisce, non batte alla porta, nonostante che il vangelo ci dica che desidera il cibo che viene avanzato. Forse anche per questo l'epulone è così indifferente. Solo da morto si accorge di quanto chiuso sia stato e attento solo alle proprie esigenze. Rimane ancora in questa condizione chiedendo un po' di ristoro per sé. Solo dopo le prime parole di Abramo che segnano la distanza e l'impossibilità dell'incontro, sembra accorgersi che esiste anche qualcun altro e prega perché i suoi fratelli cambino vita.

La risposta di Abramo non lascia dubbi: in più occasioni Dio ha rivolto all'uomo l'invito a convertirsi tramite i profeti e la sua parola: soltanto pochi hanno però prestato attenzione e hanno provato a cambiare. La condanna del ricco nasce non tanto dal possedere ricchezze, quanto piuttosto dall'atteggiamento di non condivisione e di chiusura nei confronti degli altri, soprattutto di chi, silenziosamente, ci passa accanto e, pur avendo fame, non ci chiede nulla. Quante volte proviamo fastidio di fronte al giovane extracomunitario che, mentre usciamo dal supermercato, carichi della spesa, si avvicina per avere l'euro del carrello, mentre proviamo una sensazione diversa quando partecipiamo in parrocchia alla raccolta per assistere chi, nella nostra comunità, è nel bisogno.

Questi due atteggiamenti convivono spesso anche nelle nostre famiglie e talvolta sentiamo di non avere la stessa disponibilità d'animo forse senza neppure sapere il perché. Nella preghiera, chiediamo al Signore di vedere sempre le necessità degli altri, di accorgerci della presenza silenziosa di tanti che sono nel bisogno e soprattutto la capacità di condividere nella semplicità del cuore, perché "*quando la semplicità è intimamente legata alla bontà del cuore, anche l'essere umano più sprovvisto può creare un terreno di speranza attorno a sé*" (Frère Roger). Gesù, "*abbi misericordia*" della nostra incapacità di accorgerci di chi bussa con discrezione alla nostra porta, perché noi siamo tra coloro per i quali Uno è venuto dal regno dei morti e, nonostante questo, difficilmente siamo persuasi.

Ascoltare per essere ascoltati!

«*Gesù diceva ai suoi discepoli una parabola sulla necessità di pregare sempre, senza stancarsi mai*». Gesù parla ai suoi discepoli di allora, a quelli da allora ad oggi, a tutti noi oggi! E propone per chi vuole seguirlo ieri come oggi il coraggio di pensare alla "*necessità di pregare sempre, senza stancarsi mai*". Quando Gesù parla di preghiera si riferisce all'esigenza per tutti, per un cristiano in particolare, di riscoprire il valore del silenzio, della riflessione, ma soprattutto sollecita a fare proprio lo strumento privilegiato per mantenere ogni giorno un personale e comunitario rapporto di fiducioso abbandono in Dio tramite Gesù e la sua parla: la preghiera, appunto!

La preghiera non è una fuga dai problemi del mondo, nemmeno un andare alla ricerca di forme particolari di devozione, magari lasciandoci condizionare da elementi esoterici, propri della religione new age, che puntano tanto sul benessere dell'uomo, ma mettendo Dio sempre più in un angolo. La preghiera non è neanche la pretesa, che poi diventerebbe illusione, di chiedere a Dio di fare "*giustizia prontamente*", in un contesto storico come il nostro, in cui la violenza e la menzogna, che vengono gridate da ogni parte, sembrano rispondere molto più prontamente di Dio alle nostre "*richieste*".

Una domanda: a un cristiano, qualsiasi stile di vita abbia scelto e qualsiasi lavoro si trovi a svolgere, è necessario fermarsi a pregare prima di iniziare la propria giornata? A cosa serve essere perseveranti nella preghiera, se poi Dio sembra non interessarsi alla nostra invocazione? La questione sollevata dalla parabola evangelica è l'urgenza di verificare nel segreto della coscienza il rapporto che ciascuno di noi ha stabilito tra l'affidabilità di Dio e la nostra capacità o meno di mantenere vivo il nostro rapporto di fiducia con quel padre misericordioso che Gesù è venuto a rivelare.

I protagonisti della parabola sono "un giudice" e "una vedova". Quest'ultima mostra l'insistenza con la quale non si stanca di chiedere giustizia e la fiducia che prima o poi ciò che chiede avvenga. Prega pur sapendo che il giudice "*non temeva Dio né aveva riguardo per alcuno*". Alla fine è convinta che quel giudice per quanto disonesto sia l'unica persona in grado di aiutarla.

Sarebbe, tuttavia, un atto di presunzione quello di immedesimarci subito con la vedova. Se i soggetti della parabola sono due, ciò significa che entrambi possono insegnarci qualcosa. E allora cosa può insegnarci l'atteggiamento del giudice? Ciò che lo smuove è sì l'insistenza della vedova, ma più in profondità è qualcosa che lo rode dentro: «*Poi disse tra sé: «Anche se non temo Dio e non ho riguardo per alcuno, dato che questa vedova mi dà tanto fastidio, le farò giustizia perché non venga continuamente a importunarmi*». Che sia un motivo nobile o di semplice opportunità, ciò che conta è che il giudice decide di uscire dalla decisione di non vedere le necessità degli altri e soccorre la povera donna che lo supplica.

Pregare senza mai stancarsi, non è un esercizio fine a se stesso, ma ha come obiettivo il desiderio di sperimentare nella propria vita la misericordia di Dio. Tutto ciò, però, si rivelerebbe insufficiente se chi prega non facesse come il giudice: ascoltare il dolore di chi ci sta accanto, lasciare che questo dolore sconvolga le nostre abitudini e fare il possibile per aiutarlo. Ascoltare chi soffre, perché Dio ascolti la nostra sofferenza.

Il ricordo dei defunti tra Pasqua e New Age

È solo una questione di "osmosi"! La parola, oggi, non ha solo un significato legato alla chimica, ma è usata anche per descrivere la comunicazione delle idee secondo una modalità non sempre visibile e segnata da un gesto di volontà, ma che avviene in modo spontaneo, un po' alla volta, pian pianino… è una cultura quasi sotto le righe, non disturba, ma invade e soprattutto crea abitudini, modi di pensare, indifferenza alle proprie radici. Tante volte si esprime con frasi tipo: "Ma che male c'è ad accogliere una tradizione culturale che non è nostra, quasi sempre già ingolfata da esigenze commerciali, che ci fa fare tutti le stesse cose?". E non mi riferisco solo ad Halloween! Purtroppo questa cultura del "senza colore", del grigio diffuso, del tutto uguale, dell'approfittare del "comodo" per non avere pensieri sta entrando silenziosamente anche nella vita di fede: la cultura “new age”, ormai, ha invaso il mondo, si sta trasformando da un insieme di idee a una vera e propria religione, che non fa altro che prendere ciò che non disturba per arrivare poi a una religione “fai da te”. Si crede in qualcosa di soprannaturale, ma senza un vero legame con la storia e la vita; ci si rifugia in immagini cosmiche per non far i conti con la fatica quotidiana di dare un senso a ogni giorno e a ogni avvenimento. Anche nel rapporto con la morte, sta facendo capolino questa generica cultura religiosa. Basta ascoltare, e lo dico senza nessuna polemica, i “discorsi” fatti alla fine dei funerali per accorgersene: la persona cara diventa “una stella tra le stelle”; della nonna non si ricordano valori come la pazienza oppure i consigli dettati dall’esperienza, ma ci si limita a sottolinearne le grandi capacità culinarie; un aggettivo su tutti si impone per descrivere la sensibilità di una persona: era “solare”! Quasi mai un accenno alla fede, quasi mai una promessa di preghiera... sembra che la fede nella Pasqua del Cristo risorto abbia lasciato il posto a una semplice idea di sopravvivenza che un po’ alla volta sbiadisce e si cancella.

E quando di preghiere si tratta, capita di rifugiarsi in testi che possono andar bene per ogni fede e solo perché internet dice che le ha scritte sant’Agostino, allora va tutto bene! Per la cronaca: “Se mi ami non piangere!” è stata scritta dal gesuita p. Giacomo Perico ed edita nel 2001; “La morte non è niente” è del canonico anglicano Henry Scott Holland (1864- 1918). Sono parole piene di amore e di speranza, tese a non interrompere il flusso di affetti che lega i vivi al defunto. È significativo che, quasi per sostenere questa continuità di affetti, in entrambe le preghiere, sia il defunto stesso a rivolgersi ai suoi cari. Si va a toccare l’emozione, come se non fosse sufficiente già la tensione del momento. Le lacrime hanno la caratteristica di essere spontanee, segno di affetto vero e non di debolezza, provocarle *ad hoc* non ha molto senso.

Se davvero vogliamo raggiungere il vero Agostino, santo vescovo di Ippona, leggiamo cosa scrive ne l libro delle “Confessioni” a proposito della morte della mamma Monica, la quale, prima di morire, a lui che piangeva a dirotto, aveva raccomandato: “*Seppellite pure questo mio corpo dove volete, senza darvi pena. Di una sola cosa vi prego: ricordatevi di me, dovunque siate, dinanzi all’altare del Signore*” (9,11,27). Si prega per i morti per celebrare la vita, perché li si credevivi nel Signore, per accompagnarli nel cammino di avvicinamento a Lui. Con la preghiera infatti si aiutano le anime alle prese con un itinerario di purificazione. Ecco come si esprime il Catechismo della Chiesa Cattolica: «*In virtù della comunione dei santi, i fedeli ancora pellegrini sulla terra possono aiutare le anime del purgatorio offrendo per loro preghiere di suffragio, in particolare il Sacrificio eucaristico, ma anche elemosine, indulgenze e opere di penitenza*» (202).

Pregare per i morti vuol dire credere che esiste una vita oltre a quella terrena, che incontreremo il Signore, che esiste un legame diretto tra la terra e il cielo. Ma è anche un modo per sentire più vicine le persone che abbiamo amato, per ringraziarle di esserci state, per imparare dal ricordo della loro esistenza, quello che il Signore vuole insegnarci. Usando una autentica immagine agostiniana, la vita terrena è come un lato di una montagna e la vita eterna ne è l'altro lato: la vita è la stessa, la morte solo il cambio di versante, un passaggio. Noi cristiani preghiamo per i defunti in modo particolare durante la Santa Messa. Dice il sacerdote: "*Ricordati, Signore, dei tuoi fedeli, che ci hanno preceduto con il segno della fede e dormono il sonno della pace. Dona loro, Signore, e a tutti quelli che riposano in Cristo, la beatitudine, la luce e la pace*" (dal "Canone romano").

"*Un ricordo semplice, efficace, carico di significato, perché affida i nostri cari alla misericordia di Dio. Preghiamo con speranza cristiana che siano con Lui in paradiso, nell'attesa di ritrovarci insieme in quel mistero di amore che non comprendiamo, ma che sappiamo essere vero perché è una promessa che Gesù ha fatto. Tutti risusciteremo e tutti rimarremo per sempre con Gesù, con Lui*" (Papa Francesco).

Purtroppo lo spazio a disposizione non è molto e quindi arrivo a una conclusione che, spero, lasci aperto lo sguardo e il pensiero. L'amore è più forte della morte e l'amore di Cristo risorto riempie il cuore e la vita dei nostri cari defunti. Lo stesso amore di carità che è in noi è in loro, anche se in loro è in pienezza; e, proprio a partire da questa pienezza, essi ci raggiungono e noi pure ci congiungiamo con loro, con il nostro amore e con la nostra preghiera. Pensiamo con fiducia alla vita che ci attende facendo nostre queste parole del poeta bengalese Rabindranath Tagore:

Un giorno dopo l'altro, o Signore della mia vita,
starò davanti a te a faccia a faccia.
A mani giunte, o signore di tutti i mondi,
starò davanti a te a faccia a faccia.
Sotto il grande cielo in solitudine e silenzio,
con cuore umile starò davanti a te a faccia a faccia.
In questo tuo mondo operoso,
nel tumulto del lavoro e della lotta,
tra la folla che s'affretta,
starò davanti a te a faccia a faccia.
E quando il mio lavoro in questo mondo sarà compiuto,
o Re dei re, solo e senza parole,
starò davanti a te a faccia a faccia.

Pensieri in tempo di "*lockdown*" per CoViD-19

Un impensabile inizio di Quaresima

Quando i fatti capitano distante da noi, spesso non ci facciamo molto caso, anzi rischiamo di rimanere indifferenti; perfino i cronisti dei giornali e dei media in genere se la cavano con la classica espressione che serve a togliere ogni residua preoccupazione: "Nessun italiano tra le vittime!". Stavolta le cose non sono andate proprio così: il coronavirus - come è stato chiamato più semplicemente rispetto al suo nome scientifico - che inizialmente sembrava essere limitato alla nazione cinese e ai suoi confini, prima è passato in Europa, manifestandosi in modo preoccupante in Italia, al Nord in particolare: i focolai di Vo' Euganeo sono a pochi chilometri di distanza questa volta... e allora niente indifferenza, ma panico e paura, assalto ai supermercati, emergenza sanitaria in tutto il Veneto e la Lombardia, scuole chiuse, carnevale finito in anticipo e ciò che non capitava da decine di anni (almeno per quanto mi dice la mia memoria), la chiusura delle chiese e la sospensione di ogni attività parrocchiale, messe comprese, perfino nel mercoledì delle Ceneri e nella prima domenica di Quaresima.

"*Quest'anno il tempo quaresimale inizia in modo imprevisto e diverso da come lo potevamo immaginare solo pochi giorni fa*", scrive il Patriarca Francesco nel suo messaggio per l'inizio della Quaresima. "*Viviamo una settimana in cui per l'emergenza sanitaria ci viene chiesto, come cittadini responsabili e partecipi del bene comune, di far nostre le indicazioni che le autorità impongono a tutela della salute pubblica e soprattutto delle persone fragili. (...) Ci è stato chiesto di non riunirci in assemblee numericamente significative. E proprio per questo, come discepoli del Signore, siamo chiamati a riscoprire, con più forza ancora, il senso della Chiesa, (...) intensificando il rapporto personale col Signore attraverso momenti significativi di preghiera personale, come pure in famiglia e tra gli amici. (...) Ci addolora profondamente non poter celebrare pubblicamente la liturgia... della prima Domenica di Quaresima. (...) Carissimi, la dolorosa limitazione imposta all'assemblea eucaristica domenicale diventi un'occasione di crescita nella comunione col Signore e tra noi; (...) Al centro poniamo la Parola di Dio, meditata con fede e amore in modo semplice, considerandola come realmente è: Parola viva e attuale, detta per noi oggi*".

Confesso che sono un po' a disagio nell'usare una parola che sintetizza bene il tempo quaresimale: "stare in quarantena", indicando i quaranta giorni che Gesù trascorre nel deserto per essere tentato dal Maligno, e così offrirci una lezione di come vincere le seduzioni del mondo che ci portano a prendere sottogamba la fragilità e la debolezza umana. Ci sentiamo "onnipotenti" finché non veniamo toccati nella carne e allora siamo pronti a correre in cerca di soluzioni, fino anche a chiedere aiuto a Dio. La Parola di questa prima domenica di Quaresima ci aiuta, prima ancora di fare un programma di penitenza e di conversione, a renderci conto della struttura fondamentale del male, il suo modo di funzionare.

L'apostolo Paolo riflette spesso sul mistero del male e riesce a pensarlo solo come una forma di "contagio": altra parola che oggi è sulla labbra di tutti! "*Per la caduta di uno solo morirono tutti*" (Rm 5,15). Ma perché a causa di uno devono soffrire tutti? Anche chi è innocente come può esserlo un bambino? Ma mentre ci facciamo queste domande siamo già caduti nelle spire del serpente antico (Gen 3,1), lasciandoci prendere dal sospetto che ci rende schiavi della paura. Il serpente viene definito come "*la più astuta di tutte le bestie selvatiche*"; cioè la creatura più creatura che si potesse pensare. Il serpente si mostra capace di autonomia, di parlare come il Creatore, fino a far parlare Eva che ancora non ha detto una parola. Il serpente è uno che sa vivere in pienezza quanto il Creatore gli ha dato in dono per amore. Mentre Dio crea con la parola per rendere possibile l'incontro nella fiducia, il serpente, scimmiotta Dio creando, però, una distanza che distrugge la possibilità dell'incontro.

Il serpente, nell'ingenuità delle sue domande, mette a nudo la differenza non più come una ricchezza, ma come un limite che minaccia la propria realizzazione. Tutto questo inizia, ed è per questo che viene chiamato peccato "originale", con l'insorgere del sospetto di poter e voler essere non più diversi, ma persino "come Dio" (Gen 3,5). Il contagio inizia là dove si comincia a inoculare il veleno del sospetto: "*È vero che... ?*". Il serpente ha il merito di aver introdotto nella storia il primo punto interrogativo.

Ma c'è modo e modo di chiedere! Uno fondato appunto sul sospetto: "*anzi, Dio sa che quando voi ne mangiaste, si aprirebbero i vostri occhi e diventereste come Dio, conoscendo il bene e il male*" (Gen 3,5), l'altro, invece, è fondato sulla fiducia, simile a quello con cui il bambino pone le domande ai genitori. Male e peccato sono frutti del sospetto su Dio. Il deserto, in cui Gesù "*fu condotto dallo Spirito*" (Mt 4,1), è il luogo, in cui siamo soli e in cui non possiamo "contagiare" nessuno, non potendo gettare addosso agli altri il proprio male, e per questo è il luogo in cui si può guarire dal virus del sospetto rispondendo al veleno del diavolo con l'antidoto della Parola di Dio.

Entriamo dunque in questa tempo di Quaresima, ripartiamo nel combattimento spirituale, armiamoci di fiducia, lasciamoci contagiare dalla fiducia, vivendo senza desiderare di essere più di quello che siamo, senza voler valicare i confini in cui la natura e la storia ci hanno confinato, orientiamo la nostra volontà e il nostro desiderio a non "essere come Dio", mettendoci al suo posto, ma a "essere come Dio", imitando la sua misericordia e la sua capacità di perdono.

Mi piace concludere con un breve passaggio del messaggio per la Quaresima di papa Francesco: "*Il fatto che il Signore ci offra ancora una volta un tempo favorevole alla nostra conversione non dobbiamo mai darlo per scontato. Questa nuova opportunità dovrebbe suscitare in noi un senso di riconoscenza e scuoterci dal nostro torpore. Malgrado la presenza, talvolta anche drammatica, del male nella nostra vita, come in quella della Chiesa e del mondo, questo spazio offerto al cambiamento di rotta esprime la tenace volontà di Dio di non interrompere il dialogo di salvezza con noi*".

I domenica di Quaresima
1 marzo 2020

"E Gesù taceva!". Lettura attualizzata della Passione secondo Matteo

Si racconta che san Francesco trascorresse la Quaresima nei boschi e tra le grotte de La Verna: ogni fenditura della roccia lo rimandava alla strazio della terra alla morte di Gesù, quando, secondo il racconto di Matteo, c'erano stati terremoti e sconvolgimenti fino alla lacerazione del velo del tempio. Per lui erano segni visibili di una umanità straziata e indifesa, perduta ma desiderosa di rialzarsi. Viveva con tale intensità questo momento da ricevere in dono nel suo corpo gli stessi segni della passione di Cristo, diventando una liturgia vivente della Settimana Santa. Di Francesco il suo biografo dice: "*Il santo di Assisi non pregava, era preghiera!*".

È questo che il racconto della passione di Gesù vuole trasmetterci oggi. Non può essere solo un bollettino di informazione, la serale conferenza stampa con i numeri dei contagiati, dei morti e dei guariti (per altro molto utile per farsi un'idea della situazione) e nemmeno una semplice rivisitazione nostalgica e rassegnata di fatti ormai avvenuti. Dentro le pagine del racconto della passione ci siamo tutti e certo la situazione di pandemia è venuta con violenza a ricordarcelo. Certi fatti, anche senza ripetersi mai allo stesso modo, avvengono e ci interrogano sul senso della nostra vita.

Il racconto di Matteo inizia quasi in contropiede, presentandoci Giuda a contrattare con i sommi sacerdoti l'opportunità della cattura di Gesù senza incidenti di popolo: il suo guadagno? Trenta denari! Molto essendo il salario di un mese, pochissimo, quasi niente, per il costo di un amico. Proprio Matteo ci informa che Giuda, di fronte alla condanna a morte di Gesù, si era pentito, era tornato a restituire i soldi, poi... una corda per due, per lui e per la sua disperazione! Guai anche solo a pensare che ci sia un peccato più grande della misericordia divina e guai anche a pensare che Dio, solo perché viviamo come se Lui non ci fosse, tornando poi quando non sappiamo più a chi ricorrere, si vendichi con castighi dai sapori più diversi! "*Non lasciamoci rubare la speranza!*", dice papa Francesco.

I primi ad aver tra le mani Gesù sono i membri del sinedrio, lo vedevano come un bestemmiatore, non lo sopportavano, eppure ne erano attratti. Adesso che è davanti a loro, inerme, non sanno cosa fare, si inventano falsi testimoni, si stracciano le vesti. In loro aiuto, la storia invia Pilato, il quale non approda a nessuna conclusione, stretto da una parte dalla folla che grida e dall'altra dalla paura di far brutta figura con il potere di Roma. Il modo di uscire di scena pulito? Lavarsene le mani davanti a tutti! Anche questo è attuale: non sentirsi coinvolti in una emergenza vitale, perché il pericolo è distante, e poi, fare marcia indietro, perché il male non si è fermato alle frontiere chiuse!

Nel racconto di Matteo la più smarrita è la folla: è inferocita, perché si sente tradita! Non ha in testa nessun programma, nessuna strategia, può solo mormorare, farsi sentire... ma da chi, poi? Quando corriamo il rischio che qualcuno o qualcosa ci rubi la vita, il tempo, gli affetti (penso a quanti soffrono non solo per la perdita di una persona cara, ma anche per non averla potuta salutare, nemmeno guardare gli occhi chiudersi e raccoglierne le ultime parole), vorremmo rompere tutto! Non ci piace essere in balìa degli altri, tantomeno di qualcosa che è invisibile agli occhi... rabbia o rassegnazione?

Non stanno meglio i soldati! Loro sanno che cosa fare, obbediscono agli ordini! Testa e mani sono lì a battere chiodi sulla carne di delinquenti e di innocenti insieme, il cuore è distante, chiuso, reso impermeabile dall'abitudine della violenza. Alla fine giocano a dadi: che questo semplice gesto significhi che la vita è come un tiro di dadi, in mano alla sorte? No! Anche questa sarebbe rassegnazione! E Gesù? Tace! Con tutti e davanti a tutto. Lo rivestono di porpora e lo spogliano, lo insultano e lo crocifiggono: lui tace! Ed è un silenzio "assordante" che vuole provocarci a rientrare in noi stessi per accorgerci con stupore che l'amore di Dio c'è ancora ed è sotto tante altre cose.

Entra in scena il buio e con sé trascina il silenzio... tutto tace: la natura, la gente che sta a guardare, anche il Padre sembra non avere più parole per il Figlio prediletto. Poco lontano le donne: sono impotenti, vorrebbero, ma non possono! Ma in loro c'è la "rocciosità" di chi ha difeso un figlio nel proprio grembo, perché per una donna il proprio corpo è sempre una culla per una vita nuova, anche quando può sembrare un sepolcro per una speranza spenta. Qui il grembo di quelle donne, e delle donne di tutti i tempi, è come una diga contro lo scrosciare di un dolore che attanaglia tutti. Una diga contro il male è resa ancora più solida da tutti coloro che, pur dovendo lottare con un senso di impotenza, sono lì al capezzale di un ammalato o di un morente senza badare a turni o al rischio di ammalarsi a loro volta: medici, infermieri, paramedici, esperti di laboratorio e della ricerca, membri della protezione civile, personale dei supermercati e dei negozi di vicinato, volontari, e poi amministratori, ... anche noi che con fatica accettiamo di rimanere a casa. Insomma tutti coloro che hanno capito che "insieme ce la possiamo fare".

Alla fine il silenzio si rompe di nuovo: "*Dio mio, Dio mio, perché mi hai abbandonato?*". Non sono parole di disperazione, ma l'inizio di una preghiera che inizia nell'amarezza e finisce nel vero abbandono filiale: "*Padre, nelle tue mani affido il mio spirito!*". Qui il pensiero va con affetto a tutti coloro che, a causa del coronavirus o per altri motivi, hanno concluso la loro vita terrena. Forse anche loro hanno pensato di essere stati abbandonati a se stessi, spero che anche loro abbiano avuto l'attimo per abbandonarsi nella braccia di Dio misericordioso. Giuseppe e Nicodemo ricompongono dentro il sepolcro il corpo martoriato di Gesù e mettono una grande pietra davanti alla porta. Tutto finito? No, solo attesa!

domenica delle Palme
5 aprile 2020

Settimana santa 2020
Proposta di preghiera in famiglia

Queste pagine mi sono capitate sotto gli occhi una decina di giorni fa, quando ancora si vedeva come scadenza della quarantena il 3 aprile. Il giorno è passato e dobbiamo fare i conti con il dover vivere una settimana santa distante dalle nostre chiese e ancora chiusi in casa.

Allora, se **non possiamo celebrare la Settimana Santa e la Pasqua insieme**, possiamo farlo nelle nostre case, "piccole chiese domestiche", le ha definite il concilio Vaticano II, così come facevano i primi cristiani, e anche Gesù nell'ultima cena, quando ancora non c'erano chiese in muratura, ma la parola "Chiesa" indicava l'insieme delle persone.

Come fare? Sicuramente **mettendo al centro la Parola di Dio**: troviamo lo spazio in casa per appoggiare per tutta la settimana la Bibbia aperta o anche solo il Vangelo.

Le nostre case

Celebriamo la Pasqua "restando a casa". Lo spazio della casa è chiamato a diventare luogo del culto spirituale, il «tempio dello Spirito Santo» (1Cor 6,19).

Ogni famiglia può inventarsi uno spazio con dei segni che richiamino la fede: un cero, un crocifisso, una piccola tovaglia, la bibbia aperta, la foto delle persone care che stanno già vivendo la Pasqua eterna! Questa è un'esperienza valida e bella non solo in tempo di corona virus. Tutto questo poi può rimanere anche dopo.

E chi nella casa **vive da solo**? Certo sarebbe bello se le nostre case, nel piccolo, si aprissero per momenti di preghiera condivisi. Questo purtroppo ora non è possibile! Se si è soli si celebra lo stesso, perché «il Padre vede nel segreto» (Mt 6,6) della tua stanza e ascolta le tue preghiere.

Le chiese

E le chiese? Per quanto è possibile rimangono aperte, anche senza celebrazioni: qui a Zelarino la chiesa è aperta tutte le mattine dalle 8.00 alle 12.00. Sono il segno di una famiglia più grande, nella quale ciascuno è inserito, di cui sentirsi parte, fratelli e sorelle e tutti insieme figli e figlie. Per questo serve una parola che venga dalla Chiesa. Come? Per esempio, si può ascoltare la predicazione del papa o del vescovo o anche quella che viene dalla nostra parrocchia, grazie ai mezzi tecnologici e all'impegno di alcuni giovani esperti. Per noi sono il modo di mantenere un legame con una concreta comunità di credenti. Per questo è utile che i mezzi di comunicazione rendano possibile ascoltare, restando a casa, la parola della Chiesa.

Questa parola non sostituisce, però, la celebrazione, vuole aiutarla, renderla possibile, metterla in moto. Allora desidero provare ad aiutare a celebrare la Pasqua "nell'emergenza", a casa.

Il popolo di Dio

Forse questa "emergenza" è **l'occasione perché «emerga» il popolo di Dio** come soggetto vivo della fede. Non come soggetto passivo, che assiste ad un rito che altri per lui celebrano, ma che si scopre «popolo sacerdotale», in grado di celebrare. È un'occasione unica, non avremo – speriamo – molte altre opportunità che ci costringano a compiere quel salto di qualità che il Concilio ci ha indicato ma che fatichiamo così tanto a mettere in opera.

Tutta l'assemblea è soggetto celebrante, ovvero ogni credente deve imparare non ad "assistere" ma a celebrare attivamente. Ora può e deve farlo, altrimenti rimane un vuoto incolmabile. Questo in realtà è vero sempre: in ogni celebrazione, anche in quelle che normalmente facevamo nelle nostre chiese, anche in quelle solenni nelle cattedrali, il soggetto celebrante è tutta l'assemblea!

E i ministri, chi presiede in particolare, vive il suo servizio non per sostituire il popolo di Dio, ma per aiutarlo a sentirsi parte attiva della celebrazione. E se questo vale per ogni domenica, vale anche per la Pasqua.

Noi preti

In questi giorni di emergenza noi **sacerdoti viviamo in modo strano** e spesso disarticolato il nostro ministero. Si rischia di lasciarsi prendere dall'ansia di dover fare qualcosa. Si moltiplicano le messe via web, i messaggi vocali, i gruppi *whatsApp* che scambiano forsennatamente altri messaggi altri video... attenzione alle troppe parole, per nascondere silenzi imbarazzanti.

Forse noi preti ci sentiamo impotenti, privi di quel ruolo di guida che ci caratterizza. Credo che sia importante trovare una misura tra il desiderio di stare vicini alla gente – sacrosanto – e la capacità di accettare un vuoto, un'impotenza, **un tempo "inoperoso"**. Solo se si ha la fede per entrare in questo tempo sospeso, in questa mancanza, forse si potranno regalare parole che nascono dal profondo, che sgorgano da un silenzio pieno di ascolto.

Ma allora che suggerimenti potrei dare per celebrare il **Triduo** pasquale nelle case?

Qui provo solo a dare qualche spunto minimo, nella certezza che non manchi la personale creatività e inventiva.

Domenica delle Palme

Oggi non possiamo fare la bella e festosa processione con i rami di ulivo e nemmeno benedirlo e metterlo a disposizione in chiesa, sempre per evitare gli assembramenti di persone: il patriarca ci invita a riprendere questo gesto a pandemia conclusa come segno di gioia e di ringraziamento.

Per quanto è possibile, procuratevi un rametto di ulivo o anche di un'altra pianta (senza distruggere il giardino né privato né tantomeno pubblico) e "beneditelo" voi in famiglia, magari prima di pranzo.

Leggete il racconto di Matteo sull'entrata di Gesù in Gerusalemme:

Dal Vangelo secondo Matteo *(Mt 21,1-11)*

Quando furono vicini a Gerusalemme e giunsero presso Bètfage, verso il monte degli Ulivi, Gesù mandò due discepoli, dicendo loro: «Andate nel villaggio di fronte a voi e subito troverete un'asina, legata, e con essa un puledro. Slegateli e conduceteli da me. E se qualcuno vi dirà qualcosa, rispondete: "Il Signore ne ha bisogno, ma li rimanderà indietro subito"». Ora questo avvenne perché si compisse ciò che era stato detto per mezzo del 3 profeta: «Dite alla figlia di Sion: "Ecco, a te viene il tuo re, mite, seduto su un'asina e su un puledro, figlio di una bestia da soma"». I discepoli andarono e fecero quello che aveva ordinato loro Gesù: condussero l'asina e il puledro, misero su di essi i mantelli ed egli vi si pose a sedere. La folla, numerosissima, stese i propri mantelli sulla strada, mentre altri tagliavano rami dagli alberi e li stendevano sulla strada. La folla che lo precedeva e quella che lo seguiva, gridava: «Osanna al figlio di Davide! Benedetto colui che viene nel nome del Signore! Osanna nel più alto dei cieli!». Mentre egli entrava in Gerusalemme, tutta la città fu presa da agitazione e diceva: «Chi è costui?». E la folla rispondeva: «Questi è il profeta Gesù, da Nàzaret di Galilea».

State pochi secondi in silenzio e poi concludete con questa preghiera:

O Dio, Padre della luce, tu vedi le profondità del nostro cuore: non permettere che ci domini il potere delle tenebre, ma apri i nostri cuori con la grazia del tuo Spirito, perché vediamo colui che hai mandato sa illuminare il mondo, e crediamo in lui solo, Gesù Cristo, tuo Figlio, nostro Signore. Per Cristo nostro Signore. T. Amen.

G. Il Signore ci benedica, ci protegga da ogni male e ci conduca alla vita eterna.

T. Amen

Giovedì Santo

Giovanni, nel suo Vangelo, durante la cena, non racconta l'istituzione dell'Eucaristia, ci riporta il fatto della **lavanda dei piedi:** Gesù passa davanti a ogni discepolo, anche Giuda e Pietro, si inginocchia e lava loro i piedi. Alla fine dice: "Come ho fatto io, fate anche voi!". Il gesto, che ogni anno viene ripetuto in chiesa, quest'anno non è possibile. Come viverlo in famiglia? Uno lava un piede di chi gli è vicino, questo a un altro e così fino all'ultimo. Una cosa più semplice è che uno in famiglia durante la cena prenda un pane, lo spezzi e ne dia un pezzetto a tutti. Può essere un modo per ricordare che l'eucaristia è celebrata quando ci mettiamo a servizio gli uni degli altri.

Venerdì Santo

Al centro del Venerdì Santo c'è la croce di Gesù e il racconto della sua morte. Diventa importante scegliere **una croce da mettere al centro**, che sia quella che poi ogni volta ci invita a pregare. Davanti alla croce tre momenti potrebbero essere celebrati: il racconto della passione e morte del Signore (almeno l'ultima parte); il bacio alla croce (che diventa intimo, familiare, passando il crocifisso di mano in mano); e una preghiera per chi sta male e per chi sta bene.

Sabato Santo

Questo è un giorno particolare dove **regnano il silenzio e l'assenza di celebrazioni**. Abbiamo vissuto tutta la quaresima come un lungo Sabato Santo di silenzio e senza riti. Allora questo giorno lo si potrebbe consacrare al silenzio. Si pongono i segni dell'assenza: una candela spenta, un crocifisso coperto, una tavola senza tovaglia.

Vivere la mancanza come grembo del desiderio, come tempo nel quale prepararsi all'incontro. In casa si potrebbe preparare tutto quello che poi nel giorno successivo, vuole essere motivo di festa: il cibo, i fiori, un disegno…

Domenica di Pasqua

La domenica di Pasqua la viviamo purtroppo senza la celebrazione della messa in chiesa, si può partecipare a quella del papa o del patriarca o di quella on line dalla parrocchia. Oppure una celebrazione della Parola, che si conclude un pranzo condiviso, un momento di gioia. Senza dimenticare **chi è solo**: si potrebbe decidere di telefonare a amici e parenti, a chi sappiamo essere solo per uno scambio di auguri, per dare una parola di vicinanza e di speranza. Lo dobbiamo fare spesso, ma forse ancor più in un giorno come questo.

Sono solo suggerimenti di gesti minimi. Ma offrono l'occasione per iscrivere la fede e la sua celebrazione nella vita quotidiana, tra le mura di casa. Ora, **un Triduo strano come questo, va preparato**. «Dove vuoi che prepariamo per celebrare la Pasqua?» (Mt 26,17) chiedono i discepoli a Gesù.

Scopriamo anche questo: non si celebra la Pasqua se non la prepariamo. Non è come andare al cinema che basta recarsi nelle sale, pagare un biglietto e poi assistere. **La Pasqua non la si assiste, la si celebra** e quindi ci si prepara, forse questa volta come mai prima.

Entrare e uscire… e viceversa!

Seguire Gesù fino alla risurrezione attraversando la croce! Può essere questa la sintesi del discorso di Pietro la mattina di Pentecoste: Gesù è davvero il profeta che tutti attendavamo, Gesù è il Figlio di Dio che toglie il peccato del mondo (anche il nostro), Gesù è l'uomo dei dolori che ben conosce il patire, Gesù è Cristo, Gesù è Signore! Pietro afferma la sua fede in Gesù con tutto l'entusiasmo possibile… ma queste parole le ha pronunciate a Pentecoste, non a Pasqua, esattamente cinquanta giorni dopo!

Tra Pasqua e Pentecoste ci accorgiamo di quanto Dio ci è vicino. Solo molto tempo dopo ci accorgiamo delle occasioni mancate, dei ritardi accumulati dalla sordità del nostro cuore. Siamo gente che dorme su una Grazia immeritata, che Dio "quotidianamente" semina nei solchi, talvolta anche profondi, della nostra vita.

La mattina del giorno dopo "quel" sabato, Pietro probabilmente starà ancora dormendo, anche se di un sonno che dev'essere stato molto agitato come quello della notte prima. E con lui anche gli altri apostoli. Solo le donne del gruppo sono sveglie: una è già uscita di casa per andare a completare la sepoltura del maestro, un'altra invece sta preparando qualcosa da mangiare per riprendere la giornata, la prima di una settimana nuova e diversa. Pietro viene svegliato dalle grida di Maria di Magdala: "*Hanno portato via il corpo di Gesù e non so dove l'abbiano portato!*". Maria, spinta dal dovere ma prima ancora dall'affetto per il maestro, era andata al sepolcro quando ancora era buio. Lo stupore si sostituisce all'affanno della corsa quando vede che il sepolcro era stato violato: la pietra che bloccava l'ingresso era stata rimossa. E allora si era girata e, di corsa, era tornata a casa, sconvolta.

Pietro alle confuse parole di Maria balza in piedi ed già sulla strada; corre più veloce che può, insieme a lui è scattato anche Giovanni. Ognuno fa i conti con le proprie forze: Giovanni è più giovane e sembra volare: arriva alla tomba, ha tutto il tempo per dare un'occhiata, ma si ferma all'entrata. Aspetta l'amico. Pietro ormai ha una certa età, è appesantito dai ricordi dei giorni precedenti, fa più fatica, ma alla fine arriva anche lui. Pietro entra… e vede. Scopre che Maria ha detto il vero, il corpo del maestro non c'è. Al suo posto sono rimasti i segni della morte, "*i teli posati là, e il sudario, che era stato posto sul suo capo, non posato là con i teli, ma avvolto in un luogo a parte*". Sembra che il cadavere non abbia più sopportato bende e sudario, che l'avevano tenuto legato dentro la tomba. Con forza si era tolto ogni impaccio, buttando a terra le bende e piegando in ordine il sudario. Tutto fa pensare che non sia stato un ladro, non avrebbe avuto il tempo di piegare il sudario. Quando Gesù aveva risuscitato Lazzaro, questi era uscito vivo dalla tomba ma ancora avvolto nelle bende e con il sudario sul viso: "*Liberatelo!*", aveva dovuto dire Gesù.

Qui, il risorto ha avuto la forza di liberarsi da solo da ciò che lo costringeva. Ecco dove sta la risurrezione! Nel ritornare all'inizio dell'esperienza di fede. Oggi, quando sembra che il pungiglione della morte abbia il sopravvento, quando si è costretti alla consapevolezza della fragilità, quando, abituati a relazioni "virtuali", riusciamo a riassaporare, anche se solo nel desiderio, i volti delle persone, una semplice stretta di mano e non di gomito, un sorriso, non solo letto negli occhi, dietro la mascherina, ma con la bocca aperta, senza la paura che una piccolissima goccia possa far del male invece che esprimere affetto. Ce la faremo? Il vangelo ci dice che Giovanni, sì, riesce a credere, subito! Entra nel sepolcro, vede quello che ha visto Pietro, ma Pietro ci arriverà tra cinquanta giorni… nonostante le sue promesse, nonostante i suoi rimorsi.

Questa è la chiesa… dentro e fuori, in entrata e in uscita… sempre di corsa e sempre in attesa… con un cuore che batte per far battere ogni cuore!

domenica di Pasqua
12 aprile 2020

Pane & vino!

"*Ricordati di tutto il cammino che il Signore tuo Dio, ti ha fatto percorrere in questi quarant'anni nel deserto*" (Dt 8,2), così dice Mosè al popolo d'Israele poco prima di entrare nella terra promessa. È un invito a non lasciar cadere le radici della nostra storia; sono radici che son costate una vita di deserto, una vita di prove, "*di serpenti velenosi e di scorpioni*" (8,15). Dobbiamo ricordarcelo! Molte sono le difficoltà che incontriamo, ma sempre sappiamo di avere accanto il Signore che ci accompagna, anche mettendoci alla prova, per vedere se il nostro terreno è buono, se da tutte le periferie in cui facilmente ci perdiamo siamo capaci di gridare: "*Salvaci!*". Il risultato? La certezza che da soli non ce la facciamo, che non ci basta il nostro pane, ma che abbiamo bisogno, uomini e donne del sesto giorno, di avere quella vita autentica che nasce dal soffio di Dio, dal suo respiro, dalla sua parola sussurrata…

"*Ricordati… che il Signore ha fatto sgorgare per te l'acqua dalla roccia durissima; che nel deserto ti ha nutrito di manna sconosciuta ai tuoi padri*" (8,15-16). Il Signore ha accompagnato Israele con l'acqua della roccia e il nutrimento della manna. Ora, per noi, è Gesù "*il pane vivo, disceso dal cielo*". il maestro ha appena saziato la folla con un pane abbondante tanto da avanzarne, ma alla gente non basta, anche se non ne è consapevole. E Gesù lo dice chiaro: "*Se uno mangia il pane che io gli darò vivrà in eterno e questo pane è la mia carne per la vita del mondo*" (Gv 6,51). "*Come può costui darci la sua carne da mangiare!*"… è la reazione immediata dei presenti. Quello che sentono e pensano di capire fa inorridire. Va contro ogni buon senso! Eppure Gesù non ritira nessuna delle sue parole! Ricordiamocelo! "*Chi mangia la mia carne e beve il mio sangue rimane in me e io in lui*": ogni altro pane è insufficiente, rischiamo di rimanerne senza nel deserto della vita. "*Il calice della benedizione, che noi benediciamo, non è forse comunione con il sangue di Cristo? E il pane che noi spez-*

ziamo, non è forse comunione con il corpo di Cristo?". Mistero nel mistero! Si vive quanto più ci si spezza o ci si lascia spezzare… come il pane; oppure versare… come il vino!

È Lui, il Signore, il respiro che dà speranza a ogni nostro passo nel deserto quotidiano.

domenica del "Corpus Domini"
14 giugno 2020

***Nada te turbe, nada te espante!* Niente paura!**

La paura richiama altra paura! E quando questa ci sorprende, ogni altro orizzonte si appanna con nubi che minacciano subito un forte temporale… la paura toglie il fiato, ci toglie la capacità di un giudizio sereno sulle persone e sulle cose… la paura, come per Adamo ed Eva, ci porta anche a incolpare Dio di quello che succede di negativo nella nostra storia, o almeno a considerarlo insensibile ai nostri drammi!

È quanto vive Geremia: il male che gli sta di fronte e che come profeta deve "annunciare" per renderne consapevoli gli uomini, fa male per primo a lui, gli attanaglia lo stomaco, lo fa piangere lacrime amare, gli strappano dalla bocca parole forti: «*Terrore all'intorno! Denunciatelo! Sì, lo denunceremo*». Sono minacce concrete da parte di chi non lo vuole ascoltare: «*Forse si lascerà trarre in inganno, così noi prevarremo su di lui, ci prenderemo la nostra vendetta*». Davanti a tanta violenza, anche solo verbale, Geremia avverte la sua solitudine e ha paura! Anche Dio non sembra proteggerlo più: «*Per te io sopporto l'insulto e la vergogna mi copre la faccia; sono diventato un estraneo ai miei fratelli, uno straniero per i figli di mia madre*». E questo gli accade, e osa rinfacciarlo a Dio (ma anche questo sfogo è vera preghiera!) perché «*mi divora lo zelo per la tua casa, gli insulti di chi ti insulta ricadono su di me*».

«*Niente ti turbi, niente di spaventi...*», pregava santa Teresa d'Avila. «*Non, non si addormenterà, non prenderà sonno il custode d'Israele, il Signore è la tua ombra e sta alla tua destra. Di giorno non ti colpirà il sole, né la luna di notte. Il Signore ti custodirà da ogni male: egli custodirà la tua vita. Il Signore ti custodirà quando esci e quando entri, da ora e per sempre*» (salmo 121). «*Non abbiate dunque paura*», dice Gesù facendo eco a Geremia e al salmo.

«*Poiché nulla vi è di nascosto che non sarà svelato, né di segreto che non sarà conosciuto*» (Mt 10,26). Queste non sono parole di minaccia, lanciate come un sasso verso gli scheletri che tutti teniamo nascosti negli armadi più segreti di casa. Gesù non vuole prenderci con la paura, anzi desidera portarci a godere della libertà più ampia possibile, a godere di quella pace che viene direttamente dalla verità. «C'è così tanta luce in quello che annunciate a nome mio», assicura Gesù, «che ne risplenderanno a beneficio dell'umanità anche gli angoli più oscuri: come a dire: "Con me nessuno deve avere più paura di niente"».

Il buio davanti a così grande luce non può resistere; può cercare di ribellarsi, ma «*non abbiate paura di quelli che uccidono il corpo*». Chi usa la violenza, lo fa solo perché sa di non poter disporre di argomenti convincenti, di non saper dialogare con l'altro, di saper solo alzare la voce, di ricattare... di costui non dobbiamo aver paura perché «*non può uccidere l'anima*», cioè la libertà e la voglia di vivere. «*Due passeri non si vendono forse per un soldo? Eppure nemmeno uno di essi cadrà a terra senza il volere del Padre vostro. Perfino i capelli del vostro capo sono tutti contati. Non abbiate dunque paura: voi valete più di molti passeri*». Niente si muove fuori dell'attenzione di Dio Padre: noi gli stiamo a cuore! Se ci aggrappiamo a Lui, per fede o per disperazione, Lui non ci lascerà cadere.

domenica XII del Tempo Ordinario
21 giugno 2020

Seconda parte

Provocazioni di vita comunitaria

«NON SI VERGOGNA DI CHIAMARLI FRATELLI» (Eb 2, 11)
«*Non lasciamoci rubare l'ideale dell'amore fraterno*» (EG 101)

Matteo 18, 12-20

[12] Che ve ne pare? Se un uomo ha cento pecore e ne smarrisce una, non lascerà forse le novantanove sui monti, per andare in cerca di quella perduta? [13] Se gli riesce di trovarla, in verità vi dico, si rallegrerà per quella più che per le novantanove che non si erano smarrite. [14] Così il Padre vostro celeste non vuole che si perda neanche uno solo di questi piccoli.

[15] (Quindi) Se il tuo fratello commette una colpa, va' e ammoniscilo fra te e lui solo; se ti ascolterà, avrai guadagnato il tuo fratello; [16] se non ti ascolterà, prendi con te una o due persone, perché ogni cosa sia risolta sulla parola di due o tre testimoni. [17] Se poi non ascolterà neppure costoro, dillo all'assemblea; e se non ascolterà neanche l'assemblea, sia per te come un pagano e un pubblicano.

[18] In verità vi dico: tutto quello che legherete sopra la terra sarà legato anche in cielo e tutto quello che scioglierete sopra la terra sarà sciolto anche in cielo. [19] In verità vi dico ancora: se due di voi sopra la terra si accorderanno per domandare qualunque cosa, il Padre mio che è nei cieli ve la concederà. [20] Perché dove sono due o tre riuniti nel mio nome, io sono in mezzo a loro".

"L'ideale cristiano inviterà sempre a superare il sospetto, la sfiducia permanente, la paura di essere invasi, gli atteggiamenti difensivi che il mondo attuale ci impone. Il Vangelo ci invita sempre a correre il rischio dell'incontro con il volto dell'altro, con la sua presenza fisica che interpella, col suo dolore e le sue richieste, con la sua gioia contagiosa in un costante corpo a corpo. L'autentica fede nel Figlio di Dio fatto carne è inseparabile dal dono di sé, dall'appartenenza alla comunità, dal servizio, dalla riconciliazione con la carne degli altri. Il Figlio di Dio, nella sua incarnazione, ci ha invitato alla rivoluzione della tenerezza". (EG 88)

Lectio

Questo passo del vangelo secondo Matteo è difficile. Si parla di correzione fraterna in un contesto di ricerca del fratello smarrito e nello stesso tempo sembra che il fratello che non accetta la correzione debba essere escluso dalla comunità.

Se così fosse, come armonizzare questo testo con l'invito a imitare la perfezione del Padre (5,48), oppure con il richiamo alla riconciliazione con il fratello prima di portare la propria offerta all'altare (5,23-24), o anche con la sollecitudine verso "*uno solo di questi fratelli più piccoli*" (25,40.45)?

Si può tentare una lettura più organica, all'interno di un "discorso" più ampio, provando a evidenziare la spinta ad agire che è propria di questo testo. È necessario metterci in un paziente dialogo con queste parole per coglierne tutti i segnali.

È opportuno richiamare il testo parallelo di Luca (17,3b-5°):

[3b] «Se il tuo fratello commetterà una colpa, rimproveralo; ma se si pentirà, perdonagli. [4] E se commetterà una colpa sette volte al giorno contro di te e sette volte ritornerà a te dicendo: "Sono pentito", tu gli perdonerai». [5a] Gli apostoli dissero al Signore: «Accresci in noi la fede!».

Ci avviciniamo al testo con pazienza quasi versetto per versetto:

Il v. 15 dovrebbe iniziare con un "quindi" per mantenere il legame con il passo precedente: il *dè* presente nel testo greco è apparentemente innocuo, che tante volte neppure si traduce, ma che possiede invece una sua importanza, perché dice una progressione nel discorso.

Il richiamo alla correzione del fratello è un esempio "vitale" della parabola raccontata poco prima: il piccolo "smarrito" è il fratello "peccatore"; "*uno di questi piccoli*", che il Padre non vuole che si smarrisca, si identifica con il "tuo fratello".

Va poi sottolineato il verbo "ascoltare" (*akouo – parakouo*) come a dire che la fatica del dialogo scaturisce da un problema di ascolto; comunque, anche se il dialogo si allarga fino a coinvolgere tutta la comunità, resta il rapporto personale da cui il richiamo inizia e a cui tende (il "*tuo*" fratello .... sia "*per te*" come...).

Il v. 18 legato al precedente diventa una ratifica della "scomunica", unito al successivo invece diventa un'accentuazione del potere della preghiera. Può essere anche una forma di sospensione per avviare la riflessione del lettore.

Il *palin* del v. 19 crea attesa per ciò che segue. La presenza del verbo *sumphonèo* mette l'accento non sul chiedere, ma sull'armonia comunitaria come condizione necessaria perché ogni richiesta venga accolta. Dentro questa armonia, come fulcro, c'è la persona di Gesù. L'armonia comunitaria mette al centro la relazione: il rapporto tra due individui, dove almeno uno chiede di essere riconosciuto come fratello, anche nel momento della fragilità.

Come fare, allora, perché chi si è "smarrito" non arrivi ad essere "perduto"? Il vocabolo "fratello" è molto usato da Matteo soprattutto con il possessivo "tuo": questo costrutto lessicale è prezioso proprio perché sottolinea la necessità della relazione. Gesù usa l'espressione "miei fratelli": si può riconoscere l'altro come fratello in misura direttamente proporzionale all'intensità del proprio rapporto con Cristo. La riconciliazione con il fratello ha la precedenza anche sull'atto liturgico (5,23-24); la purificazione del proprio sguardo è condizione per correggere il fratello (7,3-5); la coscienza del proprio limite è importante per un giusto rapporto con il fratello.

C'è uno stretto rapporto tra il "fratello" e il "peccare/commettere una colpa, come anche tra il "peccatore" e il "pubblicano": la missione di Gesù è quella di "perdonare" i peccati. Così lo "smarrirsi" e il "peccare", tra il "piccolo smarrito" e il "fratello peccatore". Io, "fratello" di un "fratello" chi rischia di smarrirsi (peccare), sono spinto verso di lui dalla stessa sollecitudine del Padre, che non "*vuole che nessuno di questi piccoli si perda*".

Ecco la necessità del "*guadagnare ad ogni costo*" il fratello che si smarrisce: il testo propone tre tappe: il richiamo personale; il coinvolgimento di altri; l'intervento dell'assemblea. Comunque il rapporto personale è fatto salvo fino alla fine.

Cosa fare, allora, per guadagnare il fratello?

Prima tappa: "*riprendilo tra te e lui solo*". Il verbo *elèncho* (solo qui in Mt) è un richiamo a leggere il passaggio evangelico tenendo sullo sfondo il Primo Testamento, dove il rimproverare è visto come terapia contro l'odio, per evitare lo spirito vendicativo (Lv 19,17-18; oppure rispecchia una preoccupazione educativa: nel libro del Siracide (18,13) si trova la successione dei verbi rimproverare, correggere, ammaestrare e guidare per descrivere il cammino educatico per portare l'uomo a incontrare il perdono di Dio.

Il verbo guadagnare nel NT è sinonimo di salvare: "hai guadagnato", cioè "sei diventato più ricco". Se avevi cento pecore e ne perdi una, diventi più povero; se hai novantanove pecore e ritrovi quella smarrita, allora diventi più ricco. Interessante poi che il guadagnare ancora una volta derivi dall'ascolto.

Seconda tappa: la comunione come risposta all'ostinazione. I testimoni che vengono coinvolti nel tentativo di correzione, partecipano al tentativo di ammonire chi pecca, conferendo con la loro presenza maggiore autorevolezza e intensità al gesto. I testimoni sono presenti non per accusare il fratello colpevole, ma per sostenere la fede di colui che ha preso l'iniziativa: "*Se ti pare di essere troppo debole da solo, aumenta la tua forza prendendo altri con te*" (Giovanni Crisostomo, *Omelia 60*).

Terza tappa: di fronte al rifiuto viene coinvolta la *ekklesìa*, cioè la comunità dei discepoli, la *fraternitas*. Comunque, puro coinvolgendo l'assemblea, resta valido il confronto a livello personale: "*sia per te come il pubblicano e il pagano*".

I pubblicani sono gli esattori delle tasse del tempo e nella cultura grecoromana sono considerati come mendicanti, ladri e briganti; mentre negli scritti rabbinici sono citati insieme agli omicidi e i peccatori. La ragione del disprezzo è la loro disonestà tanto da non essere ammessi neppure come testimoni; veniva negata anche la possibilità di conversione quando questa richiedeva la restituzione del maltolto. Nei vangeli, invece, l'essere pubblicano non solo non pregiudica l'incontro e la sequela di Cristo, ma neppure l'appartenenza al gruppo dei dodici. Gesù ne condivide la mensa ed è proverbiale la sua amicizia con alcuni di loro.

Il termine "pagano" non ha sempre un significato dispregiativo: in Matteo (5,47), l'aggettivo serve per mostrare una modalità di rapporto con il fratello "incompleta" rispetto alla "perfezione" richiesta ai "*figli del Padre vostro*". Gesù inizia il suo ministero di predicazione proprio nella "Galilea delle genti" e si lascia incontrare da diversi pagani di cui ne loda anche la fede.

Quindi la conclusione presente al v. 17 non può risuonare come un invito all'esclusione del fratello, ma, al contrario, l'accostamento dei due termini assume la funzione di sollevare una domanda: cosa vuol dire "*come il pubblicano e il pagano*"?

La risposta sta nel comportamento di Gesù verso queste persone: i pubblicani e i pagani sono tra i "piccoli" che il maestro è venuto a cercare e che adesso affida ai suoi discepoli, perché chi è "smarrito" non divenga "perduto".

Allora si tratta di "legare" o di "sciogliere"? Nella letteratura rabbinica "legare" significa "dichiarare proibito", oppure "imporre un obbligo"; al contrario, "sciogliere" significa "dichiarare lecito" oppure "togliere un peso". I due verbi devono essere tenuti insieme , come anche i due termini "terra-cielo".

Constatato il fallimento di ogni tentativo umano nel "gudagnare" un fratello prima che si perda, il v. 18 si trasforma per il lettore in un appello alla responsabilità. Davanti a lui è posta l'alternativa: "legare" il fratello nella coscienza di aver fatto tutto ciò che l'ambiente culturale e religioso richiedeva da lui, togliendo però in questo modo al fratello la possibilità di vivere l'esperienza della misericordia; oppure "sciogliere" la situazione negativa in un'esperienza di perdono totalmente gratuito. Il discepolo è chiamato così a scegliere tra il vivere una legalità minimale e l'assumere la legge del Vangelo nella sua radicalità originaria. Questo sentiero è davvero percorribile?

La "sinfonia" nella preghiera è la condizione per rendere percorribile la via della correzione fraterna. La comunione sinfonica dei fratelli sulla terra genera la richiesta e ne provoca l'esaudimento da parte del Padre. Potrebbe sembrare "ironico" il richiamo a "due o tre": la chiave del successo della preghiera non consiste nella consistenza numerica, ma nella comunione vissuta, che alimenta la nostalgia del fratello smarrito e, pur nella constatazione del fallimento, non abdica all'impegno della ricerca. È la comunione vissuta il modo di riportare a casa il fratello. La "sinfonia" provoca l'esaudimento, perché chiede la cosa buona, il guadagno del fratello, ossia il compimento della volontà del Padre. Infatti l'essere insieme è qualificato dal "nel mio nome", la sinfonia scaturisce dal "Gesù in mezzo". La possibilità di incontrare Gesù è legata alla fragile realtà della sinfonia vissuta tra "due o tre" radunati nel suo nome: la comunione è lo spazio della presenza.

Proviamo a riassumere le tappe di un cammino di sequela come ci vengono proposte dal brano evangelico di Matteo.

Attraverso il racconto parabolico, soprattutto attraverso l'uso del verbo "smarrire", l'evangelista suggerisce che lo "smarrimento" è il luogo dell'incontro con la sollecitudine di Dio; dalle domande retoriche della parabola siamo guidati a prendere posizione sul comportamento del pastore e a identificarci con lui, nell'ansia della ricerca e nella condivisione della gioia, la quale è davvero autentica se si trasforma nella condivisione della responsabilità, cioè nel non permettere che lo "smarrimento" di un fratello diventi una "perdita". Questo passaggio introduce il discepolo in una "sana inquietudine", che precede il cammino di conversione.

vv. 15-17 – primo passo

Il "piccolo smarrito" è "tuo fratello" mentre vive l'esperienza del peccato: il discepolo viene coinvolto in un processo di correzione fraterna in tre momenti. Esaurito il percorso, se il fratello resta indisponibile al ritorno, il discepolo può ritenersi esonerato dal "cercare" il fratello smarrito?

v. 18 – secondo passo

"*In verità vi dico*" dice una svolta provocata dalla parola autorevole di Cristo! Serve a risvegliare nel discepolo la decisione di proseguire nella ricerca, indipendentemente dalla risposta del fratello: l'ostinazione dell'altro non lo solleva dalla responsabilità di operare una scelta personale. Il discepolo può "legare" il fratello nella estraneità (perderlo) oppure "sciogliere" il fratello continuando la ricerca con una dimensione di totale gratuità: è in gioco per entrambi l'esperienza del perdono. La memoria della volontà del Padre (v. 14) e la sua predilezione per i piccoli (v. 10), lo spinge a perseverare nella fatica della ricerca, mentre la presenza di Gesù lo sollecita a "rileggere" il v. 17 nella prospettiva del Maestro: *pubblicano* e *pagano* sono persone "care" a Gesù.

vv. 19-20

Da questa consapevolezza nuova scaturisce la nostalgia del fratello, la necessità del suo ritorno, perché la comunità possa vivere in pienezza la propria vocazione filiale e fraterna ed essere così luogo della **presenza** di Cristo.

La fragilità del fratello risulta essere così un momento favorevole, perché la comunità cristiana riscopra la propria vocazione a essere un prolungamento dell'umanità stessa del Figlio nello scorrere della storia.

Meditatio

1. L'amore fraterno trova la sua origine nell'essere "figli" dello stesso Padre e "fratelli" di Gesù, il "*primogenito tra molti fratelli*" (Rm 8, 29). "*Nella "modernità" si è cercato di costruire la fraternità universale tra gli uomini, fondandosi sulla loro uguaglianza. A poco a poco, però, abbiamo compreso che questa fraternità, privata del riferimento a un Padre comune quale suo fondamento ultimo, non riesce a sussistere. Occorre dunque tornare alla vera radice della fraternità. La storia di fede, fin dal suo inizio, è stata una storia di fraternità, anche se non priva di conflitti*" (Lumen Fidei, 54). La "fraternità universale" viene illuminata dalla "fraternità ecclesiale".

2. "*Attenzione alla tentazione dell'invidia!*" (EG 99). È la "*manus aemula inimici*" che fa di tutto per separare. È l'invidia che spinge Caino a uccidere Abele; è la concorrenza sleale tra Giacobbe ed Esaù; è la gelosia che spinge i figli di Giacobbe a vendere Giuseppe alla carovana dei Madianiti; è l'orgoglio che spinge Marta a "rimproverare" Gesù per "rimproverare Maria, i due fratelli della parabola del Padre misericordioso. Il rapporto fraterno, lo insegna la Scrittura, è una realtà che non si può scegliere, ma che ci si trova a vivere e ad affrontare. Il fratello o la sorella, prima che essere visti come "dono", sono percepiti come "limite": un limite che prende le sembianze della paura di perdere qualcosa o di doverla condividere con l'altro. Lo sappiamo: il fratello mi impone di non considerarmi "unico", mi libera dalla solitudine e dall'individualismo, mi spinge ad accettare la diversità come qualcosa che completa, non che divide. Ciò che fa di tutto per ostacolare la fraternità è l'opera dell'*adversarius*, del *diabolo*, il padre della menzogna, che ha come obiettivo quello di creare divisioni, è la "bestia" accovacciata alla porta di

Caino (cfr Gen 4, 7), è il "leone ruggente" che va in giro cercando chi divorare (cfr 1 Pt 5, 8). Ogni divisione è sempre diabolica!

3. La fraternità è qualcosa di essenziale per la vita della Chiesa, ma è anche una realtà da conquistare, un luogo dove tutti hanno l'impegno di sgombrare lo spazio da ciò che impedisce lo sviluppo dei legami fraterni, dilatando quegli spazi dove questo stile di vita può dimorare in maniera stabile. Qui sta l'impegno, richiamato in modo forte da papa Giovanni XXIII, a "*cercare sempre ciò che ci unisce, mai quello che ci divide*" (*Pacem in terris*). Forte il suo richiamo nel famoso discorso della luna la sera dell'apertura del Concilio Vaticano II: "*«Cari figlioli, sento le vostre voci. (...) Noi chiudiamo una grande giornata di pace... La mia persona conta niente: è un fratello che parla a voi, un fratello divenuto padre per volontà di Nostro Signore... Continuiamo dunque a volerci bene, a volerci bene così; guardandoci così nell'incontro: cogliere quello che ci unisce, lasciar da parte, se c'è, qualche cosa che ci può tenere un po' in difficoltà...».*

4. Luogo privilegiato dello stare insieme dei fratelli e delle sorelle in Cristo è la celebrazione eucaristica, dove si ascolta insieme la Parola e dove insieme ci si nutre della vita donata di Gesù: assimilati a lui diventiamo dono per i fratelli. Nessuno può dire "Padre nostro..." senza coinvolgere nella preghiera tutti i fratelli e sorelle, compresi e soprattutto quelli che in quel momento non sono in perfetta comunione con chi prega. Così nessuno può dirsi "figlio" se non sente gli altri come veri fratelli: sta qui il sentirsi responsabili della sorte di ogni persona, dell'impegno a cercarla, della gioia di averla trovata. Nessuno è giudice di nessuno: la fragilità della natura umana è il punto di incontro per camminare insieme.

5. "Facciamolo oggi! Non lasciamoci rubare l'ideale dell'amore fraterno!" (EG 101). Vivere questo "ideale" significa modellare la propria esistenza su quella di Gesù "servo", anche quando il cristiano assume nella comunità un ruolo di guida. L'eccellenza nella Chiesa si manifesta nel chinarsi a lavare i piedi del fratello. Bisogna, però, stare attenti a non confondere l'ideale con l'utopia o a privilegiare i propositi a discapito della realtà. Come fare in modo che l'ideale dell'amore fraterno "lasci la scia" come il profumo di Maria a Betania? Don Primo Mazzolari diceva che è facile trovare persone pronte a parlare del peccato, ma "*troppo pochi sanno far sentire che il bene è bello, che il volersi bene è bello, che il prodigarsi e bello*". L'annuncio cristiano incide se mostra il volto di un Dio desiderabile e si presenta come una parola buona/bella per l'esistenza. Per papa Francesco la gioia nasce proprio «tra le piccole cose della vita quotidiana, come risposta all'invito affettuoso di Dio nostro Padre: "*Figlio, per quanto ti è possibile, tràttati bene... Non privarti di un giorno felice"* (Sir 14, 11.14). Quanta tenerezza paterna si intuisce dietro queste parole» (EG 4).

"*Fa' ciò che puoi e prega per ciò che non puoi, e Dio ti concederà la capacità di farlo!*": mi piace concludere con queste parole attribuite a sant'Agostino, il grande vescovo di Ippona. Non sono ancora riuscito a "scoprire" quando e dove le ha pronunciate o scritte. Resta il fatto che dicono una cosa importante: non possiamo risolvere tutti i problemi, ma possiamo fare la nostra parte. Il resto è nella mani di Dio, che per fare miracoli può servirsi anche delle nostre mani.

"MOSÈ: UNA VITA COMPIUTA!"

Contemplando Mosè, la sua vita e la sua vocazione, meditiamo sulla nostra vita e sulla nostra vocazione: un cammino di continuo esodo e di disponibilità all'ascolto:

"*Non voglio infatti che ignoriate, fratelli, che i nostri padri furono tutti sotto la nube, tutti attraversarono il mare, tutti furono battezzati in rapporto a Mosè nella nube e nel mare, tutti mangiarono lo stesso cibo spirituale, tutti bevvero la stessa bevanda spirituale: bevevano infatti da una roccia spirituale che li accompagnava, e quella roccia era il Cristo. (...) Ciò avvenne come* ***esempio*** *per noi, perché non desiderassimo cose cattive, come essi le desiderarono"* (I Cor 10,1-4.6).

Quanto abbiamo letto o leggeremo su Mosè è destinato alla nostra **utilità**. "*La vera esegesi è l'immedesimazione*". Partiamo da un testo degli Atti degli Apostoli (7,17-38): è parte del discorso fatto da Stefano poco prima di vivere la testimonianza del martirio.

Mentre si avvicinava il tempo della promessa fatta da Dio ad Abramo, il popolo crebbe e si moltiplicò in Egitto, finché sorse in Egitto un altro re, che non conosceva Giuseppe. Questi, agendo con inganno contro la nostra gente, oppresse i nostri padri fino al punto di costringerli ad abbandonare i loro bambini, perché non sopravvivessero. In quel tempo nacque Mosè, ed era molto bello. Fu allevato per tre mesi nella casa paterna e, quando fu abbandonato, lo raccolse la figlia del faraone e lo allevò come suo figlio. Così Mosè venne educato in tutta la sapienza degli Egiziani ed era potente in parole e in opere. Quando compì ***quarant'anni****, gli venne il desiderio di fare visita ai suoi fratelli, i figli d'Israele. Vedendone uno che veniva maltrattato, ne prese le difese e vendicò l'oppresso, uccidendo l'Egiziano. Egli pensava che i suoi fratelli avrebbero compreso che Dio dava loro salvezza per mezzo suo, ma essi non compresero. Il giorno dopo egli si presentò in mezzo a*

loro mentre stavano litigando e cercava di rappacificarli. Disse: "Uomini, siete fratelli! Perché vi maltrattate l'un l'altro?". Ma quello che maltrattava il vicino lo respinse, dicendo: "Chi ti ha costituito capo e giudice sopra di noi?

Vuoi forse uccidermi, come ieri hai ucciso l'Egiziano?". A queste parole Mosè fuggì e andò a vivere da straniero nella terra di Madian, ***dove ebbe due figli****. Passati* ***quarant'anni****, gli apparve nel deserto del monte Sinai un angelo, in mezzo alla fiamma di un roveto ardente.* ***Mosè rimase stupito*** *di questa visione e, mentre si avvicinava per vedere meglio, venne la voce del Signore: "Io sono il Dio dei tuoi padri, il Dio di Abramo, di Isacco e di Giacobbe". Tutto tremante, Mosè non osava guardare. Allora il Signore gli disse: "Togliti i sandali dai piedi, perché il luogo in cui stai è terra santa. Ho visto i maltrattamenti fatti al mio popolo in Egitto, ho udito il loro gemito e sono sceso a liberarli. Ora vieni, io ti mando in Egitto". Questo Mosè, che essi avevano rinnegato dicendo: "Chi ti ha costituito capo e giudice?", proprio lui Dio mandò come capo e liberatore, per mezzo dell'angelo che gli era apparso nel roveto. Egli li fece uscire, compiendo prodigi e segni nella terra d'Egitto, nel Mar Rosso e nel deserto per* ***quarant'anni.*** *Egli è quel Mosè che disse ai figli d'Israele: "Dio farà sorgere per voi, dai vostri fratelli, un profeta come me". Egli è colui che, mentre erano radunati nel deserto, fu mediatore tra l'angelo, che gli parlava sul monte Sinai, e i nostri padri; egli ricevette parole di vita da trasmettere a noi.*

Stefano divide la vita di Mosè in tre parti, di 40 anni ciascuna. 1) Mosè vive alla corte del faraone e alla scuola della sapienza dell'Egitto; 2) Mosè decide di visitare i fratelli ebrei e poi fugge nel deserto; 3) inizia con il roveto ardente e termina con la morte di Mosè. È una struttura chiaramente simbolica: l'idea è quella di tre grandi periodi completi in se stessi. Mosè vive una vita davvero "compiuta".

"Egli fu uno dei quattro che vissero 120 anni. Essi sono: Hillel l'anziano, Rabban Johnatan Ben Zakai e Rabbi Akiba. Mosè passò 40 anni in Egitto, passò 40 anni in Madian e servì Israele per 40 anni. Hillel l'anziano venne da Babilonia all'età di 40 anni, servì i saggi per 40 anni e servì Israele per 40 anni. Rabban Johnatan Ben Zakai si occupò di affari di questo mondo per 40 anni, servì i saggi per 40 anni e servì Israele per 40 anni. Rabbi Akiba cominciò a imparare la Torah all'età di 40 anni, servì i saggi per 40 anni e servì Israele per 40 anni" (Da un *midrash* su Deut 34, 7).

1) **Dio prepara Mosè per una vocazione speciale!**

"*Nacque Mosè ed era molto bello ["divinamente bello – bello/gradito davanti a Dio":* è un superlativo della lingua ebraica]": cfr. Es 2,2 e Eb 11, 23. Mosè fa parte di un disegno di Dio. Dio ha un progetto/vocazione su di lui e per lui.

È in pericolo di vita: viene esposto sulle acque del Nilo... doveva morire, e invece è salvato. "*Venne educato in tutta la sapienza degli Egiziani*": era il modello dell'educazione del tempo, era una sapienza politica (un impero ben organizzato), economica (una grande struttura commerciale: cfr. la vicenda di Giuseppe), tecnica (le grandi piramidi e i maestosi templi) e culturale (la raffinatezza di vita, la grande tradizione poetica). Il testo sottolinea il tutto dicendo "*in tutta la sapienza*".

Una prima riflessione personale: anche nella mia vita c'è un particolare disegno/progetto/vocazione di Dio che interroga la mia libertà. Sono qui a pregare e a riflettere perché Dio mi ha pensato, cercato e trovato! È bello ringraziarlo di tante cose, ma specialmente di "tenermi per mano". Dove sarei oggi se il Signore non mi avesse tenuto per mano? Devo essere riconoscente per ogni cosa: per la mia famiglia e per le mie amicizie, per la mia vita sacerdotale e per il percorso culturale che mi sono stati messi davanti e che sono stati preparati per me.

"*... era potente in parole e in opere*". Il primo periodo della vita di Mosè è stato il periodo dell'educazione: ne esce pensando di avere delle cose da dire e da fare, ma soprattutto si sente capace di poterle fare. È sicuro di sé, forse troppo! Si fida certo delle sue forze e delle sue capacità, ma vede la realtà a suo modo. È come abbagliato dalla "sapienza" ricevuta.

Il disegno di Dio gli propone un **esodo** personale:

a) è il figlio del faraone: deve **uscire** da una falsa situazione di sicurezza. Si sente chiamato a schierarsi con i più deboli, per un primo tentativo di liberazione.

b) è istruito: deve **uscire** da una falsa sapienza, per passare alla "stoltezza della solidarietà". Una stoltezza ancora più amara perché non fu subito compreso. Pensava che i suoi connazionali avrebbero capito, invece…

c) è potente: deve **uscire** dalla potenza in parole e opere. Viene rifiutato: "*Chi ti ha costituito giudice e capo?*".

E così lo straniero divenuto figlio del faraone diventa un fuggitivo nel deserto.

2) **I secondi 40 anni di Mosè sono caratterizzati dalla generosità e dalla scacco.**

Mosè è pieno di buona volontà e s'impegna fino in fondo. È pieno di grande idee e quello che fa per difendere il suo popolo è una cosa grande. Mosè non può soffrire l'ingiustizia e si compromette. Aveva l'idea di ricostruire l'unità del suo popolo: "*Siete fratelli, perché...*".

"*... egli pensava che i suoi fratelli avrebbero capito...*": si illudeva! Era fermo al suo progetto... solo un bel progetto! E fallisce... non aveva fatto i conti con la realtà. "*Chi ti ha detto di occuparti di noi?*".

E così viene respinto! Anzi "*fuggì via*": cominciò ad avere paura. Ecco cosa resta del "potente in parole e opere": una persona impaurita.

Cosa non ha funzionato in questo progetto? Mosè non si era fatto un'idea reale della resistenza dei suoi fratelli nel volere la libertà. E "divenne straniero": nel mondo di allora voleva dire perdere tutti i diritti di uomo, perché lo straniero, non essendo tra gente che ha con lui legami familiari, non ha nessuno che lo vendichi, è alla mercé di chiunque, non ha più nessun diritto (così come gli orfani e le vedove).

"*Andò a vivere da straniero nella terra di Madian, dove ebbe due figli*". Perché questo particolare? L'impressione è che Mosè abbia chiuso con il suo progetto, con le sue grandi idee. Vuole vivere la sua vita e la vuole vivere in pace. Ma cosa ha fatto per 40 anni nel deserto: come passava il tempo, la notte quando non dormiva a cosa pensava, perché proprio nel deserto? Risponde un padre della Chiesa, Gregorio di Nissa: Mosè arriva a Madian, incontra le figlie di Ietro e le aiuta (non ha perso il "vizio" di essere generoso). Questo sacerdote, padre di famiglia, sa apprezzarlo e valorizzarlo, gli dà anche in moglie una figlia. "*Ietro gli concesse la scelta di fare quel genere di vita che voleva, e Mosè scelse la solitudine*". Mosè non ha avuto paura della solitudine. Questa però non è un semplice "isolamento", che ha sempre un carattere negativo. Si può essere isolati anche in mezzo alla gente. La solitudine invece è un valore: è la consapevolezza di un vuoto che solo Dio può riempire.

E nel deserto Mosè incontra Dio. Mosè **scopre** ciò che mancava al suo progetto: l'iniziativa di Dio nella sua vita. Quello di liberare Israele dalla schiavitù era anche il progetto di Dio e per questo non poteva concretizzarlo da solo.

Ancora una domanda: qual è la mia esperienza di vita, oggi? È una esperienza di gioia, di entusiasmo oppure di stanchezza e di rassegnazione? Mosè dopo 40 anni di deserto capisce che non è lui a cercare Dio, ma è Dio che si interessa di lui. Possiamo incontrare Dio perché è lui che per primo ci viene incontro. Non è Mosè che ha compassione del popolo, ma è Dio che sente compassione e ne rende partecipe Mosè.

3) **Nel deserto Mosè scopre ciò che manca al suo personale progetto: incontra Dio.**

*Mentre Mosè stava pascolando il gregge di Ietro, suo suocero, sacerdote di Madian, condusse il bestiame oltre il deserto e arrivò al monte di Dio, l'Oreb. L'angelo del Signore gli apparve in una fiamma di fuoco dal mezzo di un roveto. Egli guardò ed ecco: il roveto ardeva per il fuoco, ma quel roveto non si consumava. Mosè pensò: «**Voglio avvicinarmi a osservare** questo grande spettacolo: perché il roveto non brucia?». Il Signore vide che si era avvicinato per guardare; Dio gridò a lui dal roveto: «Mosè, Mosè!». Rispose: «Eccomi!». Riprese:«Non avvicinarti oltre! Togliti i sandali dai piedi, perché il luogo sul quale tu stai è suolo santo!». E disse: «Io sono il Dio di tuo padre, il Dio di Abramo, il Dio di Isacco, il Dio di Giacobbe». Mosè allora si coprì il volto, perché aveva paura di guardare verso Dio. Il Signore disse: «**Ho osservato** la miseria del mio popolo in Egitto e **ho udito** il suo grido a causa dei suoi sovrintendenti: **conosco** le sue sofferenze. **Sono sceso** per liberarlo dal potere dell'Egitto e per farlo salire da questa terra verso una terra bella e spaziosa, verso una terra dove scorrono latte e miele, verso il luogo dove si trovano il Cananeo, l'Ittita, l'Amorreo, il Perizzita, l'Eveo, il Gebuseo. Ecco, il grido degli Israeliti è arrivato fino a me e io stesso ho visto come gli Egiziani li*

*opprimono. **Perciò va'!** Io ti mando dal faraone. Fa' uscire dall'Egitto il mio popolo, gli Israeliti!». Mosè disse a Dio: «Chi sono io per andare dal faraone e far uscire gli Israeliti dall'Egitto?». Rispose: «Io sarò con te. Questo sarà per te il segno che io ti ho mandato: quando tu avrai fatto uscire il popolo dall'Egitto, servirete Dio su questo monte»* (Es 3, 1-12).

Secondo il racconto degli Atti degli Apostoli, la prima cosa che fa Mosè davanti al roveto è "meravigliarsi": questo provare stupore è una bella cosa. Mosè ha 80 anni: è ancora capace di meravigliarsi, di interessarsi di qualcosa di nuovo. Mosè è maturo per un altro esodo. Vuole capire e si espone.

E lo stupore ridona ogni volta la capacità di farsi domande, di lasciarsi sorprendere dalla novità, che irrompe nella vita. Quali domande albergano ancora irrisolte nella mia mente, nel mio cuore? Come reagisco di fronte al mistero di Dio, che tante volte coincide anche con quello della vita?

a) Dio è interessato alla nostra storia, alla nostra realtà. Dio entra dentro la nostra storia, non è uno spettatore disinteressato. Per questo chiama Mosè. Possiamo immaginare il momento di shock, tra paura e stupore, quando Mosè si sente chiamare per nome, nel deserto, dove non c'è anima viva. Mosè si accorge che c'è qualcuno che conosce il suo nome, qualcuno che si interessa di lui. Si credeva abbandonato, eppure qualcuno grida il suo nome in mezzo al deserto. Inoltre, il nome è ripetuto due volte. Perché questa doppia chiamata? Era già successo ad Abramo (Gen 22,1), succederà a Samuele (1Sam 3, 10), a Simone (Lc 22,31) e a Marta (Lc 10,41): dice un momento importante nella storia della salvezza.

"*Mosè stava pascolando il gregge*": perché è chiamato? Poco prima, alla fine del secondo capitolo dell'Esodo, troviamo il perché: "*Gli israeliti gemettero per la loro schiavitù, alzarono grida di lamento e il loro grido dalla schiavitù salì a Dio. Dio ascoltò il loro lamento, Dio si ricordò della sua alleanza con Abramo, Isacco e Giacobbe. Dio guardò la condizione degli Israeliti, Dio se ne diede pensiero*" (23-25).

La stessa preoccupazione è espressa poco più avanti: è Dio stesso che lo dice a Mosè: "*Ho osservato... ho udito... conosco...*". Per capire perché Dio chiama Mosè bisogna sapere che il popolo grida verso Dio, ha bisogno che Dio veda. È questo il punto di partenza di ogni vocazione: Dio guarda la nostra realtà, è interessato alla nostra storia, se ne prende pensiero.

* Anche Gesù manifesta questa partecipazione: "*Andava per i villaggi... vedendo le folle ne sentì compassione...*". Ecco allora un'altra domanda: qual è il mio atteggiamento di fronte ad una realtà che sta tanto a cuore a Dio?

b) Un passo avanti: qual è la reazione di Dio di fronte a questa realtà? Risposta facile: è una realtà che non gli piace! E la reazione non può essere che di cambiamento. Come realizzarlo?

"*Ho osservato... sono sceso... ora va'! Io ti mando dal faraone*". Io voglio liberare, dunque tu vai: per liberare il mio popolo, io mando te!

"*Diceva loro Gesù: La messe è abbondante, ma sono pochi gli operai! Pregate dunque il Signore della messe, perché mandi operai nella sua messe! Andate...*". Gesù non chiede a Dio di fare tutto, ma invita i discepoli a chiedere che mandi qualcuno. Infatti, subito dopo segue un chiarissimo "**Andate!**" rivolto ai settantadue discepoli inviati per un primo assaggio di missione.

Non possiamo chiedere a Dio: "*Fai questo, così io non ci penso più!*", ma "*Signore, occorre questo; manda operai... e se l'operaio che vuoi mandare sono io, **eccomi!***".

c) Perché guardare la realtà che ci circonda è il punto di partenza? Perché ogni vocazione non è mai per l'isolamento, non è qualcosa di legato alla persona per le sue doti personali, è sempre una risposta di Dio alla realtà che lui vuole cambiare, è la scelta di qualcuno perché si metta dentro questa realtà a nome di Dio e in favore di chi la vive.

Il primo passo per "capire" la propria vocazione è guardare la realtà con gli occhi di Dio: Mosè aveva tentato una sua rivoluzione personale, aveva fallito! La proposta al roveto non è del tutto nuova: la novità sta nel fatto che ora Mosè è a fianco di Dio. Crede che non sarà solo e che agirà a nome di Dio.

* Ancora una domanda: qual è il mio "roveto ardente"?

- devo essere certo che Dio mi chiama o mi ha chiamato. Nel Battesimo Dio, chiamandomi alla vita (che è la prima vocazione comune a tutti), mi ha inserito nel suo "progetto".

- la ricerca non è sul "se" sono chiamato da Dio, ma "a che cosa".

Devo "lasciarmi coinvolgere" personalmente, non posso restare fuori, non posso continuare a guardare di spalle. Devo sentirmi "preso" da una porzione del piano di Dio e dirgli di sì con obbedienza e impegno.

* Non posso comportarmi come l'invitato che rifiuta l'invito a cena, portando le mie giustificazioni. Gli invitati della parabola di Gesù hanno perso l'occasione perché troppo soddisfatti della realtà. Non sentivano il bisogno di cambiamento, era sufficiente per loro andare avanti così. Non hanno saputo alzare lo sguardo oltre gli orizzonti delle loro scelte.

Non devo aver paura se mi sento debole o inadeguato... l'unico timore deve essere quello di diventare impermeabile alla voce di Dio e del mio prossimo:

- devo credere che oggi come ieri Dio ascolta il grido del povero, dell'oppresso, del bisognoso e per questo dice: "**Tu vai, io mando te!**";
- la vocazione non supera la persona né le sue forze. Quando Dio chiama e invia, prima di tutto invita a stare con lui.

Mosè si spaventa. Dio afferma: "**Io sarò con te!**". Dio chiama e garantisce di persona che non lascerà soli. "*Non vi chiamo servi, ma amici...*": il servo obbedisce, l'amico lavora perché condivide il progetto. "*Siamo familiari di Dio*".

- entrare nel progetto di Dio significa <u>esserne partecipi</u>. Quando Dio chiama, offre in anticipo la sua intimità. Non posso essere amico di qualcuno e poi disinteressarmi di ciò che questo amico ama e desidera. Come posso far finta di niente se il mio amico ha dato la vita per me e per coloro ai quali mi invia?

"*Ho visto... per questo io mando te!*". È parola rivolta anche a noi. "Va'! Non temere! Io sarò con te!".

4) **"Mia forza e mio canto è il Signore!".**

Quando il faraone fu vicino, gli Israeliti alzarono gli occhi: ecco, gli Egiziani marciavano dietro di loro! Allora gli Israeliti ebbero grande paura e gridarono al Signore. E dissero a Mosè: «È forse perché non c'erano sepolcri in Egitto che ci hai portati a morire nel deserto? Che cosa ci hai fatto, portandoci fuori dall'Egitto? Non ti dicevamo in Egitto: "Lasciaci stare e serviremo gli Egiziani, perché è meglio per noi servire l'Egitto che morire nel deserto"?». Mosè rispose: «Non abbiate paura! Siate forti e vedrete la salvezza del Signore, il quale oggi agirà per voi; perché gli Egiziani che voi oggi vedete, non li rivedrete mai più! Il Signore combatterà per voi, e voi starete tranquilli». Il Signore disse a Mosè: «Perché gridi verso di me? Ordina agli Israeliti di riprendere il cammino. Tu intanto alza il bastone, stendi la mano sul mare e dividilo, perché gli Israeliti entrino nel mare all'asciutto. Ecco, io rendo ostinato il cuore degli Egiziani, così che entrino dietro di loro e io dimostri la mia gloria sul faraone e tutto il suo esercito, sui suoi carri e sui suoi cavalieri. Gli Egiziani sapranno che io sono il Signore, quando dimostrerò la mia gloria contro il faraone, i suoi carri e i suoi cavalieri». Allora Mosè stese la mano sul mare. E il Signore durante tutta la notte risospinse il mare con un forte vento d'oriente, rendendolo asciutto; le acque si divisero. Gli Israeliti entrarono nel mare sull'asciutto, mentre le acque erano per loro un muro a destra e a sinistra. Gli Egiziani li inseguirono, e tutti i cavalli del faraone, i suoi carri e i suoi cavalieri entrarono dietro di loro in mezzo al mare (Es 14, 10-18.21-22).

Il testo racconta il passaggio prodigioso del Mar Rosso. È un testo fondamentale: lo si legge nella Veglia Pasquale, completato dal cantico del popolo (Es 15). Anche nel canto dell'Exultet, l'inno che fin dall'inizio della Veglia annuncia la Pasqua, si legge: *Questa è la notte in cui hai liberato i figli di Israele, nostri padri, dalla schiavitù dell'Egitto e li hai fatti passare illesi attraverso il Mar Rosso...*

È bene richiamare anche ICor 10,1-2: *I nostri padri furono tutti sotto la nube... tutti attraversarono il mare, tutti furono battezzati in Mosè nel mare...*

L'esperienza del battesimo ci proietta nell'esperienza dei padri, meditando il loro battesimo, non meditiamo un'esperienza a noi estranea.

Si veda anche la lettera agli Ebrei (11,29): *Per la fede Mosè lasciò l'Egitto senza temere l'ira del re. Per la fede attraversarono il Mar Rosso come fosse terra asciutta...*

La fede dei cristiani è oggi in continuità con quella che fu la fede dei padri.

a) "*Quando il faraone fu vicino... ebbero grande paura e gridarono*".

È una notte di paura! Il mare da una parte... gli egiziani dall'altra.

- Ecco dove ci hai portato! Pensavamo che Dio ti avesse parlato e invece... eccoci presi come in gabbia. È finita!
- Pensavamo che tu, Mosè, fossi cambiato. Eri imprudente allora e così sei rimasto.
- Abbiamo le armi: combattiamo! Moriamo da eroi!
- Chiediamo scusa al faraone. Ha bisogno di noi e del nostro lavoro. Mandiamogli un'ambasciata! Il faraone è sicurezza, tranquillità, pane per noi e per le nostre famiglie.
- E se veramente Dio avesse parlato a Mosè?

Da una parte Mosè – dall'altra il faraone – il popolo in mezzo.

Provo a mettermi dalla parte del popolo:

** Il faraone rappresenta una vita accomodante e comoda relativamente. Una vita nella quale mantengo la mia professione di fede, esteriormente, però mi aggiusto in modo che questo genere di vita non sia troppo compromettente. Questo faraone rappresenta la tentazione di ciascuno di noi.

** Mosè è l'insicurezza della sequela di Gesù: "*Maestro, ti seguirò... Le volpi hanno le loro tane...*".

È la proposta di una scelta dura, seria e priva di ogni sicurezza. È la sfida della fede da cui siamo punti tutte le volte che ci troviamo in ambienti nei quali siamo in pochi, o quasi soli, a credere.

*** Il faraone rappresenta la vita secondo lo spirito del mondo, Mosè quella secondo il Vangelo: una vita fondata solo sulla Parola di Dio, una vita che non ammette il compromesso.

Provo a mettermi dalla parte di Mosè. Quali sono le sue opzioni?

- scappare, ancora una volta!
- combattere: morire con il popolo da eroe.
- organizzare il ritorno, l'ambasciata.
- "*Signore, tu mi hai portato qui, tu agirai!*".

b) Quella di Mosè è una scelta difficile! Gesù, nel Getsemani, si trova nella stessa situazione. Mosè cerca di barcamenarsi: dimostra coraggio, ma ha anche paura. Al popolo dice: "*Non abbiate paura! Siate forti e vedrete... il Signore combatterà per voi e voi starete tranquilli!*", ma poi si rivolge a Dio gridando e Dio gli risponde: "*Perché parli verso di me?*".

Mosè tranquillizzava la gente, ma personalmente "**grida**" al Signore. E nel gridare al Signore la fede di Mosè diventa sempre più solida... il Signore interviene: "*Ordina agli israeliti di riprendere il cammino! Tu intanto...*". "Eccomi, Signore, per fare la tua volontà: non capisco, ma questa prova ha certo un senso!".

La notte della paura diventa notte di pace.

- "*Battezzati in Mosè*": hanno avuto fiducia in lui, fino ad entrare nel mare. Dio gli ha parlato: avanti!
- "*Battezzati in Cristo*": "*Signore, ti seguirò, dovunque andrai!*".

Seguendo Mosè, gli israeliti lasciano fare a Dio: si lasciano portare "su ali d'aquila". Noi, seguendo Gesù, decidiamo di lasciarci salvare da lui: ci lasciamo coinvolgere, lasciamo che la nostra vita si conformi alla sua: ecco la vocazione del cristiano!

"*Il Signore combatterà per voi e voi starete tranquilli!*": l'opera è del Signore. Essere battezzati in lui vuol dire lasciarsi invadere dalla potenza del suo Spirito.

"*Voglio cantare perché ha mirabilmente trionfato... mia forza e mio canto è il Signore!*".

MOSÈ: UNA PREGHIERA TRA FATICA E INTIMITÀ

Riprendendo un'affermazione già presente nella *lectio* precedente, sulla vita "compiuta" di Mosè, ora, mettendoci alla scuola del suo modo di pregare e di rivolgersi a Dio, tra *fatica e intimità*, desideriamo verificare, grazie alla sua esperienza, quelle che possono essere le caratteristiche anche del nostro rapporto con il Signore. Si tratta di un cammino di continuo esodo e di disponibilità all'ascolto.

"*Non voglio che ignoriate, fratelli, che i nostri padri furono tutti sotto la nube, tutti attraversarono il mare... Ciò avvenne come* ***esempio*** *per noi...*" (1Cor 10,1-4.6).

"*Tutta la Scrittura, ispirata da Dio, è anche* ***utile*** *per insegnare, convincere, correggere ed educare nella giustizia, perché l'uomo di Dio sia completo e ben preparato per ogni opera buona*" (2Tim 3,16-17).

Ho scelto, come punto di partenza, questi pochi versetti del capitolo 17 dell'Esodo, cercando però di non estrapolarli dal loro contesto più generale:

Tutta la comunità degli Israeliti levò le tende dal deserto di Sin, camminando di tappa in tappa, secondo l'ordine ***(la bocca)*** *del Signore, e si accampò a Refidim. Ma non c'era acqua da bere per il popolo. Il popolo protestò contro Mosè: "Dateci acqua da bere!". Mosè disse loro: "Perché protestate con me? Perché mettete alla prova il Signore?". (...) Allora Mosè gridò al Signore, dicendo: "Che cosa farò io per questo popolo? Ancora un poco e mi lapideranno!". Il Signore disse a Mosè: "(...) Prendi in mano il bastone con cui hai percosso il Nilo, e va'! Ecco, io starò davanti a te là sulla roccia, sull'Oreb; tu batterai sulla roccia: ne uscirà acqua e il popolo berrà". Mosè fece così...* "***Il Signore è in mezzo a noi sì o no?***" (17,1-7).

Amalék venne a combattere contro Israele a Refidim. Mosè disse a Giosuè: "Scegli per noi alcuni uomini ed esci in battaglia contro Amalék. Domani io starò ritto sulla cima del colle, con in mano il bastone di Dio". Giosuè eseguì quanto gli aveva ordinato Mosè per combattere contro Amalék, mentre Mosè, Aronne e Cur salirono sulla cima del colle. Quando Mosè alzava le mani, Israele prevaleva; ma quando le lasciava cadere, prevaleva Amalék. Poiché Mosè sentiva pesare le mani, presero una pietra, la collocarono sotto di lui ed egli vi sedette, mentre Aronne e Cur, uno da una parte e uno dall'altra, sostenevano le sue mani. Così le sue mani rimasero ferme fino al tramonto del sole. Giosuè sconfisse Amalék e il suo popolo.

I parte (17, 1-7)

Lectio

1. **Refidim**. È una tappa culminante che ricapitola le reazioni negative del popolo davanti alle mancanze vitali che si sono finora susseguite; nello stesso tempo le conclude. Il nome della località, vicino al Sinai, ha anche un valore simbolico oltre che geografico. Il nome "Rephidim" è composto da due vocaboli: "*rapha*" che significa "debolezza" e "*yadim*" che vuol dire "mani". È cioè il luogo dove gli Israeliti non potevano contare sulle proprie "mani" a causa della loro "debolezza".

2. Israele è invitato a dipendere dalla "bocca" di Dio, a prendere il sopravvento è invece la "sete" del popolo. Questa scatena la "mormorazione" e la "protesta". Il popolo accusa Mosè, ma l'imperativo "*Dateci*" può chiamare in questione anche Dio. La reazione di Mosè non è quella di chi scarica la responsabilità su altri, ma quella di chi sa di essere solo un "semplice" servo.

3. "*Perché mettete alla prova il Signore?*". Mettere alla prova, tentare Dio, significa insegnargli il mestiere, tenerlo in ostaggio, ricattarlo pretendendo una "prova" concreta, tangibile della sua presenza. È un ribaltare i ruoli, perché solo il Signore può "mettere alla prova" Israele. Il continuo abbaiare del popolo è come una assenza di memoria, è come rinnegare l'esperienza dell'esodo: "*Perché ci hai fatto salire dall'Egitto*?". La sete del popolo fa zampillare l'acqua sicura della schiavitù, la nostalgia del passato, il rifiuto della fatica del presente e della fiducia nel futuro. Il Signore che pretende un cammino senza acqua, non è poi così diverso dal faraone che pretende mattoni senza paglia!

4. Mosè provoca Dio ad intervenire: "*Che cosa farò io per questo popolo?*". È in gioco il nome e la credibilità del Signore. Mosè prende su di sé il grido del popolo. Quella di Mosè è la reazione contraria alla mormorazione: è l'arma vin-

cente di Mosè, come quella notte sulle rive del Mar Rosso: "*Non preoccupatevi, il Signore combatterà per voi contro gli egiziani*".

5. Dio risponde alla provocazione di Mosè, che è invitato a stare tra la "faccia" di Israele e la "faccia" di Dio: Mosè sta al centro di questo "incrocio" di sguardi; è l'unico intermediario tra il popolo e il Signore, solidale con tutti e due. Attenzione ai due segni della "rupe" e del "bastone", perché avranno un ruolo anche nelle prossime riflessioni.

6. Non viene narrato il "miracolo" (cfr. il testo di Numeri 20), ma resta sospesa una domanda profonda: "*Il Signore è in mezzo a noi, sì o no?*". Tutto viene messo in discussione.

Meditatio

1. L'esperienza di Massa e Meriba resta fissata nella memoria di Israele come modello di chi è chiamato a camminare con Dio, nella tensione tra il già della liberazione e il non ancora del dono della terra promessa. Nella domanda finale si proiettano tutte le domande, i "deserti" e le "seti" dei momenti più drammatici della storia di Israele, e attraverso di lui (ne è sacramento) di tutti i popoli della terra, in ogni tempo. cfr. Isaia 50,2: *È forse la mia mano troppo corta per riscattare oppure io non ho la forza di liberare?* Non è un quesito filosofico né la domanda di un ateo, ma l'interrogativo del saggio, o dello stolto, in difficoltà nel capire il silenzio di Dio in una determinata e drammatica circostanza. Il popolo mormora e protesta, Mosè chiama in causa Dio. La scelta è fra due atteggiamenti davanti allo stesso bisogno: protestare contro Dio come fa il popolo, o supplicarlo come fa Mosè. Sono due atteggiamenti che possono anche essere contemporaneamente presenti.

Fino a quando, Signore, implorerò aiuto e non ascolti,
a te alzerò il grido: "Violenza!" e non salvi?
Perché mi fai vedere l'iniquità
e resti spettatore dell'oppressione? (Abacuc 1,2-3)

Dio mio, Dio mio, perché mia hai abbandonato? (cfr Mc 15,34)

Mio Dio, grido di giorno e non rispondi;
di notte, e non c'è tregua per me.
Eppure tu sei il Santo... (cfr Salmo 22 (21),2-3)

Nell'abbandono della fede, come per Giobbe, è possibile approdare da una "conoscenza per sentito dire" di Dio a un'esperienza fatta nella propria pelle (cfr. Gb 42,5): ma questa esperienza passa inevitabilmente per l'eterna lotta di Giacobbe allo Jabok (Gn 32,23-33). Solo nell'Emmanuele, nel "Dio-con-noi" abbiamo la risposta definitiva alla domanda lasciata in sospeso da Israele.

2. Possiamo far sintesi formulando la domanda di Israele in un altro modo: dove attingiamo l'acqua di cui abbiamo bisogno? Verifichiamo se, per caso, le nostre cisterne non siano screpolate (Ger 2,13): ciò che Israele ha vissuto è ammonimento per noi a non cadere nella presunzione di risolvere i problemi da soli, dimenticando una storia in cui Dio ha agito e ha già rivelato la sua misericordia, non accorgendoci delle presenze "sacramentali" del Signore e dei segni, forse non eclatanti, ma reali, della sua Provvidenza.

II parte

Lectio

1. Sempre a Rephidim, Israele deve affrontare un attacco militare: è un'altra prova. La risposta alla domanda lasciata in sospeso. (cfr. la "rupe" e il "bastone" che fanno da richiamo). Amalèk e il suo popolo sono discendenti di Esaù, capostipite degli Edomiti, da sempre tra i nemici di Israele. Sembra che lo stesso nome "Amalèk" significhi "piantagrane" oppure "dubbio/sospetto"; quasi sicuramente si è trattato di una battaglia per l'uso esclusivo dei pozzi d'acqua. È interessante anche sapere che a combattere contro "il sospetto" (Amalèk) Mosè invia Giosuè ("Dio-salva").

2. La strategia di Mosè prevede due campi d'azione: la cima del colle e il campo di battaglia. Il "colle" fa pensare alla precedente "rupe", come la menzione del "bastone" evita di pensare che Mosè si affidi alle sue sole forze, confidando invece nel potere di Dio che aveva già sconfitto gli egiziani: il bastone

"sparisce", confondendosi con le "mani" di Mosè, come in Es 14, 16 *Tu intanto alza il bastone, stendi la mano sul mare...* .

3. Il gesto di Mosè viene variamente interpretato: preghiera di intercessione, giuramento, benedizione/maledizione verso i rispettivi contendenti... Il fatto importante è che la mano tiene il bastone, strumento salvifico, segno della forza e dell'assistenza divina. Presentandoci in simultanea quanto accade sul colle e nello scontro, il narratore ci fa capire che l'esito della battaglia dipende dalle mani di Mosè: quando le alza..., quando le fa riposare... . È decisiva la collaborazione di Aronne e Cur, che fanno sedere Mosè e fungono da supporti alle sue "mani pesanti". Mosè rimase con le mani "ferme" (*'emunah* > contiene la radice di *Amen*).

Meditatio

1. La forza di Mosè nel superare anche questa particolare prova sta nella "potentissima arma" della preghiera. Le sue mani oranti, tese sino al tramonto del sole, sono il segreto della vittoria e incarnano la sua fiducia, che è l'esatto contrario della mormorazione. Il testo non dice il contenuto della preghiera, ma ne coglie l'atteggiamento, quasi a suggerirci che prima viene la preghiera "esistenziale" di cui l'espressione "verbale" è una traduzione parziale. Essa precede il rituale, scaturendo dallo vita: è una preghiera che sa combinare uno sguardo verticale e orizzontale, che cerca il volto di Dio e si fa carico della storia degli uomini, riconoscendo il Signore come il vero protagonista negli eventi umani. La preghiera di Mosè, inoltre, non è solitaria, ma coadiuvata da Aronne e Cur sul monte e tradotta in azione da Giosuè nella polvere della mischia.

2. Anche Gesù ha raccomandato quest'arma segreta: i vangeli ce lo presentano continuamente in preghiera, specialmente in occasioni cruciali. Non è difficile immaginarlo nel tipico gesto orante mentre innalza le mani con gli occhi verso il cielo per benedire, per ringraziare e supplicare il Padre, per restare fedele nella lotta suprema, per perdonare i suoi crocifissori.

"*Mosè, certo innalza le mani, non le stende; invece Gesù, esaltato sulla croce, stringe nelle sue braccia tutto l'universo intero*" (Origene, *Omelie sull'Esodo*, XI, 4).

Se prendiamo Mosè, Aronne e Cur... possiamo avvicinarli a un insegnamento di Gesù che è consolante: "*Là dove due o tre sono riuniti nel mio nome, io sono in mezzo a loro*". La sinfonia della preghiera crea la compagnia di Dio.

Prendiamo ancora in considerazione Mosè che prega e Giosuè che agisce... e li avviciniamo a Gesù che avverte i suoi discepoli che una preghiera non tradotta in impegno e un'azione non nutrita dalla preghiera e dal primato di Dio mancano il bersaglio e risultano ambedue sterili (cfr. l'episodio di Marta e Maria in Lc 10,38-42). Gesù avverte anche che ci sono dei nemici "diabolici" che si possono vincere solo con la preghiera (cfr Mc 9, 29).

Ci sorprende un po' che Dio combatta o che apparentemente si schieri a favore di qualcuno... ma possiamo anche richiamare l'apostolo Paolo, che a Timoteo dice che la fede è "una stupenda e rischiosa battaglia" (cfr 1Tm 1,18) e invita i cristiani di Efeso a utilizzare "*l'armatura della preghiera, lo scudo della fede, l'elmo della salvezza, la corazza della giustizia, i calzari dello zelo e la spada dello Spirito, cioè la Parola di Dio*" (Ef 6,10-20).

3. Nei padri della Chiesa e nei commenti dei rabbini ebrei, Amalèk diventa il simbolo delle passioni che insidiano l'uomo, ma viene sconfitto da Israele, cioè da quanti si lasciano guidare dallo Spirito. Questo ci aiuta a ripensare le modalità della nostra preghiera individuale e comunitaria sempre attenta alla storia concreta.

- "*La vita ci rende tutti guerrieri. Per vincere dobbiamo usare l'arma più potente: la preghiera. Quando preghi, apri il tuo cuore a Dio con onestà e con franchezza, come se parlassi al tuo migliore amico*" (Rabbi Nachman di Brazlaw). La preghiera non seda immediatamente le bufere, ma dona energie per continuare a remare dentro qualsiasi bufera.

- È più efficace Mosè con la sua preghiera o Giosuè con la sua lotta? Eterna domanda! Contemplazione e azione non si escludono, ma si alimentano (cfr. l'*ora et labora* di S.Benedetto oppure il *Dobbiamo pregare come se tutto dipendesse da Dio e agire come se tutto dipendesse da noi* di S.Ignazio di Loyola). La preghiera non è fuga dal mondo e dai suoi problemi, ma la prima indispensabile disponibilità nei confronti di Dio che ha a cuore questo mondo. Un *midrash* conferma questo pensiero: quando Mosè presso il Mar Rosso si accinse a pregare davanti all'esercito egiziano, Dio lo rimproverò dicendo: "Perché gridi a me in questo modo? Perché perdi tempo? Ora non è tempo di pregare, è tempo di agire!".

Un suggerimento per la preghiera personale

Gli episodi dell'esodo meditati mostrano la consapevolezza della propria debolezza e la fiducia riposta in Dio e non nei propri mezzi. È facile ricordare qualche espressione di Paolo: *Quello che è debole per il mondo, Dio lo ha scelto per confondere i forti* (1Cor 1,27). Tale fiducia verso Dio viene manifestata anche nel canto del pellegrino che è il salmo 121(120). È un inno espresso a forma di dialogo tra un uomo oppresso e una voce anonima. La concretezza delle immagini nulla toglie alla loro ricchezza. Lo sguardo lanciato oltre i monti annuncia la ricerca di spazi che sappiano rispondere ai timori presenti nel cuore dell'uomo; la montagna diventa il luogo che più di ogni altro avvicina a Dio il cui aiuto sostiene tutta la vita: alla fiducia di chi è stanco risponde l'aiuto di Dio che gli si pone "alla destra". È la garanzia che il Signore lo protegge, sempre. Mentre l'uomo continua la sua vita (uscire, entrare, andare al lavoro, tornare a casa) Dio non cambia... lui **veglia!**

Esercizi spirituali per fidanzati
e per chi ha intrapreso una esperienza di innamoramento

"COME IO HO AMATO VOI, COSI' AMATEVI ANCHE VOI GLI UNI GLI ALTRI" (Gv 13, 34)

Introduzione

Per obbedire all'invito di Gesù riportato nel titolo, dobbiamo conoscere il "**come**" del suo amore: è una bella pretesa e, forse, anche un osare troppo. Mi viene in mente, a questo proposito, ciò che racconta S.Agostino a proposito della sua pretesa di "comprendere" il mistero della Trinità: è come il tentativo del bambino sulla spiaggia che cerca di mettere il mare nella buca. "*Augustine, Augustine, quid quaeris? Putasne brevi immittere vasculo mare totum?*" (Agostino, Agostino, che cosa cerchi di fare? Pensi di mettere l'intero mare dentro un piccolo vaso?). Di questo amore, quindi, bisogna accontentarsi di coglierne solo alcuni riflessi.

Per cogliere le caratteristiche dell'amore di Gesù, mi farò aiutare da alcuni suoi incontri descritti da Giovanni nel suo vangelo. Come Gesù ha espresso il suo amore per gli uomini? Benedetto XVI, richiamandosi alla sua prima enciclica "*Deus Caritas* est", nel messaggio per la Quaresima del 2007, ha richiamato l'attenzione sui tratti più "passionali" dell'amore di Gesù, e in modo molto audace, per come noi intendiamo comunemente questa parola, ha parlato di **eros,** anche nei confronti di Dio.

*"Sul tema dell'amore mi sono soffermato nell'Enciclica Deus caritas est, mettendo in rilievo le sue due forme fondamentali: l'**agape** e l'**eros**. Il termine **agape**, molte volte presente nel Nuovo Testamento, indica l'amore oblativo di chi ricerca esclusivamente il bene dell'altro; la parola **eros** denota invece*

l'amore di chi desidera possedere ciò che gli manca ed anela all'unione con l'amato.

L'amore di cui Dio ci circonda è senz'altro ***agape****. In effetti, può l'uomo dare a Dio qualcosa di buono che Egli già non possegga? Tutto ciò che l'umana creatura è ed ha è dono divino: è dunque la creatura ad aver bisogno di Dio in tutto. Ma l'amore di Dio è anche* ***eros****.*

*Nell'Antico Testamento il Creatore dell'universo mostra verso il popolo che si è scelto una predilezione che trascende ogni umana motivazione. Il profeta Osea esprime questa passione divina con immagini audaci come quella dell'amore di un uomo per una donna adultera (cfr 3,1-3); Ezechiele, per parte sua, parlando del rapporto di Dio con il popolo di Israele, non teme di utilizzare un linguaggio ardente e appassionato (cfr 16,1-22). Questi testi biblici indicano che l'****eros*** *fa parte del cuore stesso di Dio: l'Onnipotente attende il "sì" delle sue creature come un giovane sposo quello della sua sposa. (...)*

*Nella Croce si manifesta l'****eros*** *di Dio per noi.* ***Eros*** *è infatti - come si esprime lo Pseudo-Dionigi - quella forza "che non permette all'amante di rimanere in se stesso, ma lo spinge a unirsi all'amato" (De divinis nominibus, IV, 13: PG 3, 712). Quale più "****folle eros****" (N. Cabasilas, Vita in Cristo, 648) di quello che ha portato il Figlio di Dio ad unirsi a noi fino al punto di soffrire come proprie le conseguenze dei nostri delitti?*

Cari fratelli e sorelle, guardiamo a Cristo trafitto in Croce! È Lui la rivelazione più sconvolgente dell'amore di Dio, un amore in cui ***eros*** *e* ***agape****, lungi dal contrapporsi, si illuminano a vicenda. Sulla Croce è Dio stesso che mendica l'amore della sua creatura: Egli ha sete dell'amore di ognuno di noi. (...) Si potrebbe addirittura dire che la rivelazione dell'****eros*** *di Dio verso l'uomo è, in realtà, l'espressione suprema della sua* ***agape****.*

In verità, solo l'amore in cui si uniscono il dono gratuito di sé e il desiderio appassionato di reciprocità infonde un'ebbrezza che rende leggeri i sacrifici più pesanti. Gesù ha detto: "Quando sarò innalzato da terra, attirerò tutti a me" (Gv 12,32). La risposta che il Signore ardentemente desidera da noi è innanzitutto che noi accogliamo il suo amore e ci lasciamo attrarre da Lui. Accettare il suo amore, però, non basta. Occorre corrispondere a tale amore ed impegnarsi poi a comunicarlo agli altri: Cristo "mi attira a sé" per unirsi a me, perché impari ad amare i fratelli con il suo stesso amore".

Si rimane un po' stupiti o anche perplessi di fronte a questo linguaggio, perché oggi **eros** e **agape** sono visti come forme contrapposte di amore, non certo complementari tra loro. L'**eros** sarebbe l'amore umano, interessato ed egoistico, che cerca l'altro per sé; l'**agape** sarebbe invece l'amore divino, disinteressato e gratuito, che ama l'altro in sé. Così l'**eros** umano tende a vedere l'altro come un oggetto da possedere, mentre l'**agape** diventa solo amore oblativo, di donazione.

Ancora alcune righe del magistero di Benedetto XVI:

"*Anche se l'**eros** inizialmente è soprattutto bramoso... nell'avvicinarsi all'altro si porrà sempre meno domande su di sé, cercherà sempre di più la felicità dell'altro, si preoccuperà sempre di più di lui, si donerà e desidererà «esserci per» l'altro. Così il momento dell'**agape** si inserisce in esso; altrimenti l'**eros** decade e perde anche la sua stessa natura. D'altra parte, l'uomo non può neanche vivere esclusivamente dell'amore oblativo... Non può sempre soltanto donare, deve anche ricevere. Chi vuol donare amore, deve egli stesso riceverlo in dono*" (*Deus Caritas est*, 7).

Allora guardiamo a come Gesù ha amato, cogliendo nella sua carne di uomo l'amore di Dio. L'esercizio consisterà nell'entrare nelle scene raccontate da Giovanni per contemplare Gesù che desidera la comunione con le donne e gli uomini che amava. Se ha ragione la tradizione ad identificare in Giovanni il "*discepolo che Gesù amava*", allora stiamo chiedendo informazioni alla persona giusta. Cercheremo di cogliere – lo Spirito santo ci aiuti – alcune caratteristiche umane dell'amore di Gesù: il fascino, la discrezione, la seduzione, la conquista, l'intimità, la confidenza, la passione, la libertà, il coinvolgimento. Penso sarà un percorso sicuramente affascinante...

L'incontro con Giovanni Battista (Gv 1,19-34): il fascino di Gesù.

- "*E il verbo di fece carne*" > nella breve vita di Gesù, vita circoscritta nello spazio e nel tempo, si condensa l'infinito ed eterno Dio che è amore. Il Figlio non trattiene l'amore che lo stringe nell'abbraccio del Padre, ma "*divenendo simile agli uomini*", svuota se stesso riversando in essi l'amore divino (cfr Fil 1,5-11). La comunione d'amore della vita della Trinità si riversa sul mondo degli uomini come "*la pioggia e la neve scendono dal cielo e non vi ritornano senza aver irrigato la terra, senza averla fecondata e fatta germogliare, perché dia il seme a chi semina e il pane a chi mangia*" (Is 55, 10).
- La storia di Gesù è la trascrizione umana dell'**eros** di Dio, del suo desiderio di farsi incontro agli uomini, per attirarli nello stesso abbraccio del Padre. Questo movimento amoroso di Dio che viene incontro all'uomo traspare nell'incontro di Gesù con Giovanni Battista.
- Gesù è colui che prende l'iniziativa. Giovanni è pronto per accoglierlo: ne è il precursore, la sua missione è tutta relativa a Gesù: "*Veniva come testimone, per rendere testimonianza alla luce*" (Gv 1,7). Ma per quanto Giovanni sia in attesa e nelle migliori condizioni per incontrarlo, tempo e luogo dipendono da Gesù.
- "*Il giorno dopo*" > ha certo, come dicono gli esegeti un valore teologico, ma possiamo anche intenderlo un po' più liberamente: è il "giorno dopo" rispetto a quello previsto dall'uomo, cioè quando l'uomo ha smesso di far dipendere l'incontro con Dio dalle sue capacità. Giovanni ne è cosciente, tanto che sottolinea la differenza tra il suo battesimo e quello amministrato da Gesù: è lo scarto tra antica e nuova alleanza, tra una conversione pretesa dalla legge e una conversione donata per grazia. La conversione non è più "in vista" del Regno, ma "a causa" del Regno. "*Il tempo è compiuto e il Regno di Dio è vicino; convertitevi e credete al Vangelo*" (Mc 1, 15). L'incontro con Dio non è una conquista affidata alle forze dell'uomo, ma una possibilità offertagli da Dio stesso per mezzo di Gesù.
- Gesù "*viene verso Giovanni*". Giovanni si chiederà: "*Ma sarà proprio vero?*" (cfr. Mt 11,2-3). Il contrasto tra il Messia immaginato e la realtà del suo presentarsi **rivoluziona** i pensieri di Giovanni Battista. Pur di raggiungere Giovanni, Gesù non disdegna di sottoporsi al suo battesimo, si abbassa al punto che l'altro sente imbarazzo per questa asimmetria: "*non sono degno di sciogliere il legaccio del sandalo*" (Gv 1,27). Gesù non ha paura di infrangere le convenzioni sociali: lui, il più grande, giungerà a chinarsi per lavare i piedi dei suoi discepoli.

Giovanni arriverà anche a cercare di impedire questo abbassamento: "*Sono io che ho bisogno di essere battezzato da te e tu...*" (Mt 3,15).

- Gesù, come per la pecorella smarrita, cerca l'uomo anche fuori della terra promessa: "*a Betania, al di là del Giordano*". Il desiderio d'amore di Gesù prende ancora più slancio dove maggiore è la lontananza dell'uomo. È proprio la distanza a mostrare l'intensità di questo amore. Più l'altro è distante dall'amore e più cresce il desiderio.
- Il "venire" di Gesù non è violento, ma può essere notato. Giovanni vede venire Gesù: il venire di Gesù si fa notare, anzi attrae. Il "giorno dopo" (Gv 1,35), Giovanni può **fissare lo sguardo** su Gesù che passa. Gesù cammina: non più colui che viene, ma colui che passa suscitando così l'attenzione dell'altro. Giovanni "*non era lui la luce, ma doveva rendere testimonianza alla luce*" (Gv 1,8), per questo deve fare spazio a Cristo nella sua vita quasi svuotandosi: "*Lui deve crescere, io devo diminuire*" (Gv 3,30).
- Questo può far pensare che Cristo, venendo incontro all'uomo, voglia espropriarlo della sua vita fino ad annullarla. Che Cristo non "disintegri" l'uomo è illustrato proprio dal Battista: "*Voi stessi mi siete testimoni che io ho detto: Non sono io il Cristo, ma: Sono stato mandato davanti a lui. Lo sposo è colui al quale appartiene la sposa; ma l'amico dello sposo, che è presente e ascolta, esulta di gioia alla voce dello sposo. Ora questa mia gioia è piena. Lui deve crescere; io, invece, diminuire*" (Gv 3,28-30). La comunione con Gesù non elimina l'altro assorbendolo, lo associa piuttosto a sé, affinché non restando solo goda della relazione che dà vita e calore.
- Il fascino suscitato da Gesù è esplosivo, non può essere trattenuto: si traduce nell'esclamazione per altri: "*Ecco l'Agnello di Dio*" (Gv 1,36). E due suoi discepoli seguono Gesù... sono gli occhi calamitati da Gesù che fanno muovere i due. Lo stile di Gesù è quello di suscitare la risposta dell'altro senza la pretesa di imporre il suo desiderio di comunione. Gesù ama volendo l'amore dell'amico.

L'incontro con Nicodemo (Gv 3,1-21): la discrezione di Gesù.

- Giovanni presenta subito la diffidenza dei Giudei nei confronti di Gesù, già dal gesto della purificazione del tempio (Gv 2,14-16). Questa iniziale diffidenza diventa velocemente persecuzione e proposito omicida (Gv 5,16.18), proposito che si realizzerà con la condanna da parte di Pilato. Comunque, anche tra i Giudei c'è qualcuno che è "attratto" dal fascino di Gesù e lo erano stati anche i soldati mandati a catturarlo: "*Mai un uomo ha parlato così!*" (Gv 7,45-46).

- La persona di Nicodemo mostra l'inquietudine dell'uomo colpito dalla freccia dell'amore di Gesù, sempre sulla soglia della relazione con lui, costantemente interessato, mai però intimo. È nei confronti di Nicodemo che Gesù manifesta la **delicatezza** del suo amore, che pur manifestando il desiderio di conquistare l'altro alla comunione, non forza mai la mano e acconsente al grado di prossimità o di distanza che l'altro mantiene. Si realizza la profezia di Isaia 42,2-3: "N*on contesterà né griderà né si udrà nelle piazze la sua voce. Non spezzerà una canna già incrinata, non spegnerà una fiamma smorta*". Il desiderio amoroso di Gesù non è impaziente, non impone all'altro il proprio ritmo, attrae senza strappare nessun consenso non convinto.

- Gesù non si sottrae alla relazione anche con coloro la cui fede assomiglia a una fiammella posta in mezzo a una corrente d'aria: dove c'è anche un minimo di interesse per lui, subito vi corrisponde. Sente in Nicodemo un sincero desiderio di ricerca della verità ed è disponibile all'incontro, anche superando quel senso di sospetto e di sfiducia che fa parte del cuore dell'uomo. "*Egli conosceva quello che c'è nell'uomo...*" (Gv 2,25).

- Nicodemo va da Gesù di notte: "*Rabbì, sappiamo che sei venuto da Dio come maestro...* (3,2). Gesù procede con gradualità, cerca di accendere il desiderio di Nicodemo: l'arte "seduttiva" di Gesù inizia chiedendo all'interlocutore la fiducia: "*Se uno non nasce dall'alto, non può vedere il regno di Dio* (3,3). Le parole di Gesù superano la comprensione immediata di Nicodemo, che chiede: "*Come può nascere un uomo quando è vecchio?* (3,4). Gesù legge lo stupore negli occhi di Nicodemo (3,7) e corrisponde al suo desiderio di capire.

- Sollecitata ad arte dalla pedagogia amorosa di Gesù, puntuale arriva la replica di Nicodemo: "*Come può accadere questo?*" (3,9). E Gesù rivela la sua identità: "*Nessuno è mai salito al cielo, se non colui che è disceso dal cielo, il Figlio dell'uomo*" (3,13); "*Dio infatti ha tanto amato il mondo da dare il suo Figlio unigenito, perché chiunque creder in lui non vada perduto, ma abbia la vita eterna* (3,16). Gesù non solo insegna l'amore che viene da Dio, è lo stesso amore di Dio, anzi è Dio-Amore.

- L'amore annunciato e offerto da Gesù lascia il segno nel cuore di Nicodemo al punto da indurlo a esporsi a favore di Gesù in più di una occasione. Gesù non ha mancato di attrarlo alla relazione con lui, bussando alla porta della sua libertà perché si concedesse, ma senza mai forzare dall'esterno e attendendo che egli aprisse dall'interno. Nicodemo non varcherà mai la linea di dichiarare apertamente la sua conoscenza e il suo interesse per Gesù, anche dopo la morte del maestro, quando chiede con Giuseppe di Arimatea il corpo di Gesù, lo fa "*di nascosto, per timore dei Giudei*" (19, 34). Questo restare nell'ombra sino alla fine mostra l'estrema delicatezza dell'amore di Gesù che, pur desiderando coinvolgerlo nel suo amore, rispetta anche chi non oltrepassa la soglia della sequela.

Il dialogo con la Samaritana (Gv 4,1-42): la seduzione di Gesù

- La seduzione non va intesa in modo impersonale, come se il seduttore che, trattenendo il cuore fuori da ogni coinvolgimento, manipolasse l'altro con l'unico obiettivo di farne una preda. Nelle parole e nell'atteggiamento di Gesù traspare il suo reale e intenso desiderio di suscitare interesse e di tessere una relazione con la donna samaritana.
- Le coordinate ambientali ed esistenziali dell'incontro dicono che la Samaria è terra ostile per Israele. C'è distanza tra l'ebreo Gesù e il popolo samaritano. Gesù "d*oveva perciò attraversare la Samaria*" (4,4), conferma l'evangelista, ma non è una necessità geografica, perché poteva seguire il corso del Giordano oppure la *via maris*. Il verbo "doveva" implica l'attuarsi del disegno e della volontà di Dio (cfr. 3,14; 10,16; 20,9).
- Gesù si ferma presso il pozzo di Giacobbe: il libro della Genesi racconta come ai bordi di un pozzo Giacobbe aveva corteggiato Rachele (Gen 29,9) e Mosè le figlie di Rauèl (Es 2,16-22). Il desiderio di amore di Gesù traspare anche dal luogo dell'incontro: il pozzo dà all'incontro il tono del corteggiamento.
- Il maestro è "*affaticato per il viaggio*" ed "*era circa mezzogiorno*": tutto lascia immaginare l'arsura dovuta alla sete come l'aspetto più pungente della fatica. Al pozzo Gesù siede assetato e privo di mezzi per attingere l'acqua.
- Chiede: "*Dammi da bere*". L'approccio si presta a un fraintendimento perché "*i Giudei non hanno buoni rapporti con i Samaritani*". E poi, un uomo che si rivolge a una donna! I discepoli quando tornano rimangono scandalizzati dal comportamento di Gesù. Per di più i due sono soli! Gesù con il suo "comando" rompe le convenzioni culturali, religiose e sociali. Questo potrebbe sembrare un atteggiamento di imposizione dell'uomo verso la donna: non sarebbe una novità! Resta un fatto: l'atteggiamento di Gesù e le sue parole mettono la donna sul chi va là, sospetta qualcosa e reagisce: "*Come tu, che sei Giudeo,*

chiedi da bere a me, che sono una donna samaritana?" (4,9). Il desiderio di amore di Gesù può essere frainteso. Si potrebbe accostare a questo incontro la scena descritta da Luca (Lc 7), quando Gesù, sfidando i benpensanti, si lascia "coccolare" da una peccatrice nonostante i pensieri che trasparivano sul volto del padrone di casa, il fariseo Simone.

- La risposta della donna non intimidisce Gesù: è l'innamorato che affronta coraggiosamente l'eventualità del rifiuto pur di non dover soffocare il suo desiderio di amore, imbavagliandolo dentro se stesso. L'annuncio dell'amore di Dio fa conto della libertà dell'altro, correndo il rischio del rifiuto che va, quindi, riconosciuto e accettato. Gesù intuisce la sete di amore della donna e comincia a operare perché questa sete si manifesti e possa essere corrisposta.

- Gesù diventa il pozzo cui attingere l'amore di cui si ha bisogno, è desideroso di effondere il suo amore, invita la donna ad attingere in profondità di se stessa, ad osare di entrare in quel pozzo profondo che è il suo cuore per avvertire il desiderio di amore che ivi arde. "*Se tu conoscessi il dono di Dio e chi è colui che ti dice: Dammi da bere!, tu avresti chiesto a lui ed egli ti avrebbe dato acqua viva*" (4,10). La corda giusta è stata toccata, anche se il desiderio della donna è ancora legato alla soddisfazione di un bisogno. La sua attenzione è ancora sull'acqua (4,11). Si apre però uno spiraglio: "*Sei tu forse più grande del nostro padre Giacobbe...?*". Gesù può finalmente rispondere: "*Chi berrà dell'acqua che io gli darò, non avrà più sete in eterno*" (4,14).

- La donna si sbilancia: "*Dammi di quest'acqua, perché io non abbia più sete*". Il racconto esce dallo schema bisogno-soddisfazione al punto che "*la donna lasciò la sua anfora e andò in città*" per dire alla gente dell'uomo che aveva incontrato. Prima, però, una volta guadagnata la fiducia della donna, Gesù entra nel vivo della sua vicenda affettiva con un altro ordine: "*Va' a chiamare tuo marito e ritorna qui*". È l'ultimo passaggio: dal discorso sull'acqua al discorso sull'amore.

- "*Io non ho marito*": risponde la donna. Questo atteggiamento poteva essere preso come una bugia, e invece, letto in profondità, e con molto realismo, diventa la dichiarazione di una donna che ancora non ha trovato l'amore autentico. Il suo vagabondare nell'amore, vittima e artefice di amori frustranti, è la dolorosa confessione di ciò che a parole essa non riesce a dire e nemmeno a confessare col pensiero.

- La promessa di Gesù trascende lo schema del bisogno-appagamento. Passa dal pozzo alla sorgente, dall'amore-bisogno all'amore-dono. L'uomo Gesù non conduce a se stesso ma oltre sé, a Dio: "*Dio è spirito e quelli che lo adorano devono adorarlo in Spirito e Verità*" (4,23). Il desiderio dell'altro non si trasforma in dominio: l'altro non è condotto a sé, ma a Dio. La libertà con cui Gesù manifesta il suo amore, sfidando i pregiudizi e i sospetti è dovuta non all'amore per sé, ma all'amore per Dio: solo così l'altro può essere desiderato senza essere ricondotto a se stessi.

Incontro con l'adultera (Gv 8,1-11): la conquista di Gesù

- Non sempre l'uomo è capace di vivere l'esperienza dell'amore senza il rischio di trattare la persona amata come un oggetto. Quindi, l'amore stesso, talvolta, si trova ad essere "adulterato", non puro, non autentico. Quale atteggiamento ha Gesù verso questo modo di amare? Verso coloro che hanno tradito l'amore inquinandolo con un desiderio di possesso? Come ama coloro che non amano come lui?
- "*Una donna sorpresa in adulterio*": questa pagina evangelica sembra appartenere più a Luca più che a Giovanni, ma per le nostre riflessioni questo particolare può essere anche trascurato. Gesù è nel tempio, impegnato a insegnare. Vista la gente che lo ascolta, le sue parole assumono un'importanza particolare, per questo i suoi avversari approfittano per metterlo alla prova, per avere motivo di "accusarlo" (8,6). Per i suoi avversari Gesù va messo di fronte alla trasgressione in amore: come reagirà?
- La donna è posta "*nel mezzo*": si calca così la mano sulla trasgressione rispetto alla legge mosaica. Di fronte a questa legge la donna è colpevole, va condannata (Lv 20,10: *Se uno commette adulterio con la moglie del suo prossimo, l'adultero e l'adultera dovranno essere messi a morte*; cfr. pure Dt 22,22: *Quando un uomo viene trovato a giacere con una donna maritata, tutti e due dovranno morire: l'uomo che è giaciuto con la donna e la donna. Così estirperai il male da Israele*).
- L'attesa raggiunge il suo culmine con la domanda: "*Tu che ne dici?*". Condannare o assolvere? I due termini di confronto sono la donna e la legge: per giudicare bisogna far passare in secondo piano la donna. Gesù prende tempo, scrivendo per terra. Non è molto importante sapere cosa abbia scritto, ma che ci sia stata una sospensione al ritmo incalzante dell'accusa. Gesù sembra distrarre

gli accusatori, crea una pausa tra la trasgressione della legge e l'eliminazione del peccatore; spinge chi lo ascolta a distinguere tra peccato e peccatore.

- Gesù desidera che gli avversari distinguano tra il male da condannare e la persona da guadagnare all'amore. La sete d'amore di Gesù, il suo desiderio di comunione con quella donna emergono anche in questo frangente, anche verso chi non ha corrisposto all'amore in modo autentico. "*Non sono venuto per condannare il mondo, ma per salvare il mondo*" (12,49) trova riscontro puntualmente in tutta la sua vita, anche nella chiamata degli apostoli (cfr. Mt 9,13: la chiamata di Levi). Gesù vuole "conquistare" anche chi ha scelto di vivere l'amore in modo sbagliato o anche solo in maniera disordinata.
- Gli avversari, però, insistono nel chiedere un parere: *"Chi di voi è senza peccato, getti per primo la pietra contro di lei!*". È un invito pressante a far rientrare se stessi nel vivo del giudizio, a non restare spettatori. Gesù costringe a non chiamarsi fuori riparandosi dietro la legge, ma ad assumersi di persona la responsabilità del giudizio nei confronti della donna. Sono costretti a vedere che la differenza tra peccato e peccatore riguarda anche loro che pensano di essere a posto. E torna a scrivere per terra; vuole conquistare anche loro oltre alla donna. Il suo silenzio, così eloquente da indurre alla ritirata uno per uno, commenta queste parole del "discorso della montagna": *Non giudicate per non essere giudicati, perché con il giudizio con il quale giudicate sarete giudicati voi e con la misura con la quale misurate sarà misurato a voi* (Mt 7,1-2).
- Gesù è solo con la donna, ancora "*nel mezzo*", e solo adesso si pronuncia: l'incontro diventa personale, a tu per tu. "*Neanch'io ti condanno, va' e d'ora in poi non peccare più*" (8,11): il desiderio d'amore di Gesù non accetta alcun compromesso con forme adulterate di amore: la donna non viene condonata del suo male, viene perdonata. Le viene donata una misura sovrabbondante di amore perché sia conquistata dall'amore autentico. Non la tratta come niente fosse successo, ma perché non succeda più. Non c'è condizione, neanche il peccato, che possa fare da diga all'amore di Dio: niente può separarci da lui. Non c'è situazione per quanto buia che non possa essere illuminata dal suo amore.

L'incontro con Maria di Betania (Gv 12, 1-11): l'intimità di Gesù.

- L'intimità con l'altro è la condizione perché reciprocamente si ami Dio, lo si conosca come Colui che, Spirito d'amore, fluisce senza mai stagnare, ed è dunque percepibile quando l'uomo e la donna non si chiudono in un "duismo", una sorta di egoismo a due, ma entrano in relazione con Dio. Il desiderio amoroso di Gesù non sequestra, ma introduce nell'Amore divino, immerge nella sorgente. Il desiderio amoroso di Gesù crea intimità e sfugge alla presa, si concede alle carezze perché si sente la profondità amorosa che anima il suo corpo di uomo, ma si sottrae ad esse qualora diventassero il tentativo di imprigionare l'amore nel possesso.

- Siamo a Betania, sei giorni prima di Pasqua: la decisione di uccidere Gesù è già stata presa (Gv 11,53) ed è già ricercato (Gv 11,56-57). Gesù conosce quale sia il conforto e l'impagabile consolazione dell'amicizia ospitale e accogliente. Il desiderio di essere amato doveva certo ardere nel cuore di Gesù mentre si recava a quel pozzo di amicizia che era la casa di Betania, dove abitavano Marta, Maria e Lazzaro, che "*Gesù amava*".
- Marta e Maria, le due sorelle, pur nella diversità di carattere e di atteggiamento, davano a Gesù ciò che consente a ogni uomo di vivere: cibo e amore, l'alimento materiale e spirituale. "*Gesù amava Marta e sua sorella e Lazzaro*" (11,5). Qui a Betania "*fecero per Gesù una cena: Marta serviva e Lazzaro era uno dei commensali*" (12,2). La scena si concentra su Maria, così come nell'episodio riportato da Luca (10,39), dove Marta crea le migliori condizioni per l'ospitalità, mentre Maria si cura dell'ospite: *seduta ai piedi del Signore, ascoltava la sua parola*. Occhi negli occhi, orecchi alle labbra. Marta fa notare al maestro questa "esagerata" intimità della sorella, la stessa cosa farà anche Giuda nell'episodio su cui stiamo meditando.
- L'intimità di Maria, già considerata eccessiva quando sedeva ascoltando Gesù, raggiunge il culmine in questo gesto di affetto. Sono i gesti di Maria a creare scandalo, non lo spreco, anche se è questo che viene denunciato da Giuda. È ancora più "scandaloso" che Gesù li accetti: "*Lasciala fare...*". Maria cosparge di profumo i piedi di Gesù e li asciuga con i suoi capelli. Le sue mani toccano il corpo di Gesù, il suo corpo chino sui piedi di Gesù lascia immaginare il raccogliersi di tutta la persona a contatto con il maestro. Se con la samaritana poteva emergere la seduzione di Gesù, qui si può cogliere il suo lasciarsi sedurre. L'amore non può essere a senso unico: non è semplicemente il dare, ma anche il ricevere. L'amore, anzi, comincia quando lo si riceve. Esattamente come la vita. "*Noi amiamo perché Dio ci ha amati per primo*" (1Gv 4,19).
- Si può confrontare questa scena con quella riportata da Luca (7,36-50): la donna in questo caso è bollata come "peccatrice". Al profumo si aggiungono le

lacrime, alle carezze dei capelli la morbidezza dei baci: "*stando dietro, presso i piedi di lui, piangendo, cominciò a bagnarli di lacrime, poi li asciugava con i suoi capelli, li baciava e li cospargeva di profumo*". Lo sconcerto è evidente dai volti dei presenti e soprattutto dall'espressione del padrone di casa: "*se costui sapesse...*". E Gesù snocciola davanti al fariseo preoccupato uno per uno i gesti della donna, insistendo sul fatto che essi sono stati da lui omessi. Gesù oltre a sottolineare i gesti di affetto della donna, dichiara di non averne ricevuto da parte del fariseo, lasciando intendere il suo desiderio di essere amato.

- Gesù ama desiderando la relazione con l'altro. L'altro però non è riducibile all'oggetto del proprio amore, ma è anche soggetto di quell'amore che Gesù desidera ricevere.

L'incontro con il "discepoli amato" (Gv 13,21-30): la confidenza di Gesù.

- La figura del discepolo "che Gesù amava" appare solo nel vangelo di Giovanni e la sua identità non è mai svelata, cosicché diverse sono state le ipotesi a riguardo. La mancata esplicitazione dell'identità serve forse a far risaltare proprio e solo il fatto dell'essere amato da Gesù. Non serve sapere il nome, è semplicemente "amato" da Gesù: è l'amore che lo fa essere, amore che ha la sua origine in Gesù. È l'amore di Gesù che lo rende "discepolo".
- Si può ritenere che Gesù abbia fatto delle preferenze? È certo che Gesù ha preferito la compagnia di qualcuno rispetto a quella di altri, e ciò è quanto mai evidente nell'insolito modo di scegliere i suoi discepoli, chiamando alcuni e rimandando altri. Non crea dunque sorpresa che anche all'interno dei discepoli prescelti vi sia una diversa intimità: l'amore di Gesù si offre certo a ognuno, ma incontra anche differenti risposte, che vanno dal rifiuto alla più piena corrispondenza. Il mistero di questa risposta si perde nel segreto dell'incontro tra la grazia divina e la libertà umana.
- L'amore di Cristo non solo può essere rifiutato e corrisposto, ma anche corrisposto in diversa misura. È dall'intreccio di scelte libere e condizioni date che scaturisce la risposta dell'uomo a Dio, come è dal medesimo intreccio che scatta l'innamoramento tra un uomo e una donna. Ciascuna persona non è mai solo se stessa, ma sempre se stessa in relazione con altro e altri, del cui bene gode e del cui male patisce. L'amore non può non fare preferenze perché è diver-

samente corrisposto e dove lo è pienamente si profonde con più slancio, come un torrente corre più veloce se non è ostacolato da pietre.

- Il discepolo, "quello che Gesù amava", appare nell'ultima cena "al fianco di Gesù", in una posizione privilegiata nell'ordine dei commensali: "*chinatosi sul petto di Gesù gli disse: Signore, chi è?"*. La posizione fisica del discepolo traduce una vicinanza spirituale di straordinaria profondità: il discepolo si trova al "fianco", vicino al "petto" del maestro, ma il testo greco è ancora più diretto e concreto e dice che Giovanni si chinò sul "grembo" di Gesù: il collegamento con una espressione simile in Gv 1,18 che svela la dimora del Verbo "nel grembo del padre", crea un'allusione a una intimità così profonda da essere avvicinata a quella della Trinità. Anche la risposta immediata di Gesù è indice della grande confidenza tra i due, come all'amico cui nulla si nasconde e a cui tutto si confida perché partecipi alla sua vita. Gesù comunica all'amico il terribile peso che grava sul suo cuore: un altro "amico" lo sta per tradire.
- La vicinanza fisica del discepolo giunge al culmine sotto la croce, dove in pochi hanno avuto il coraggio di giungere. "*Presso la croce stavano sua madre, la sorella di sua madre, Maria madre di Cleopa e Maria di Magdala. Gesù allora vedendo la madre e accanto a lei il discepolo che egli amava, disse alla madre..."* (Gv 19,25-27). La comunione tra i due è tale da rendere partecipe dei vincoli di sangue. Il discepolo amato diventa figlio della madre di Gesù, pienamente fratello, ora anche nella carne, di Gesù.
- Il discepolo amato diventa amante. E questo amore corrisposto lo renderà capace di riconoscere le tracce del Risorto. L'amore rende gli occhi capaci di vedere l'invisibile, accende i sensi. L'acuta sensibilità amorosa del discepolo amato appare per raffronto alla più opaca sensibilità amorosa di Pietro nella corsa verso il sepolcro (Gv 20,3-8) e nel riconoscimento sulla spiaggia del lago di Galilea (Gv 21,7).

L'incontro con Giuda (Gv 18, 1-10): la "passione" di Gesù.

- L'ora della Pasqua è il momento in cui l'amore risplende nella sua massima intensità e luminosità. L'amore di Gesù raggiunge la misura del dono di sé, supremo e finale: *Ho tanto (ardentemente) desiderato mangiare questa Pasqua con **voi*** (Lc 22,15). L'espressione acquista il suo più "scandaloso" significato se si considera che tra quel "voi" c'è anche chi lo tradisce.

- Giovanni incastona questo incontro nel momento in cui Gesù "*avendo amato i suoi che erano nel mondo, li amò fino alla fine... Durante la cena, quando il diavolo aveva già messo in cuore a Giuda, figlio di Simone Iscariota, di tradirlo... si alzò da tavola... e cominciò a lavare i piedi dei discepoli* (13,1-5). Gesù è cosciente del proposito "diabolico" di Giuda; è pienamente padrone di se stesso e della sua vita. Tra i discepoli cui Gesù lava i piedi c'è anche Giuda: Gesù prende tra le mani, lava e asciuga anche i suoi piedi. Egli sa che il "calcagno" che tiene nella sua mano è già nell'atto di alzarsi contro di lui.
- Che cosa lo "inchioda" a quel servizio? Per quale ragione non evita il traditore? Gesù desidera che il disegno di Dio si compia (cfr. Gv 13,18). Non si tratta della necessità di un implacabile destino, ma l'irresistibile manifestarsi dell'amore di Dio nella sua inaudita intensità. All'amore del Padre, Gesù si sottomette da uomo libero; la volontà del Padre comprende e non esclude la sua libera adesione. Che si tratti di una libera scelta è suggerito anche dal contraccolpo subito da Gesù di fronte al tradimento di Giuda: "*fu profondamente turbato e dichiarò: In verità, in verità vi dico: uno di voi mi tradirà*" (13,21).
- Gesù prepara i suoi al travaglio della sua morte e risurrezione con queste parole: "*La donna, quando partorisce, è nel dolore, perché è venuta la sua ora; ma, quando ha dato alla luce il bambino, non si ricorda più della sofferenza, per la gioia che è venuto al mondo un uomo*" (16,21). Gesù vive sulla sua pelle la sofferenza legata all'incarnarsi dell'amore: "*lo spirito è pronto, ma la carne è debole*" (Mt 26,41); da sottolineare anche "*la tristezza e l'angoscia*" provate da Gesù al Getsemani (Mt 26,37-38). La sofferenza patita da Gesù potrebbe far pensare che l'amore esiga anche un dolore che finisce con il prendere il sopravvento, eliminando l'amore. La passione di Gesù, la sua passione amorosa, non va in questa direzione.
- Quando Giuda esce dal cenacolo ed entra nel buio della sera e del suo cuore, Gesù dice: "*Ora il Figlio dell'uomo è stato glorificato e Dio è stato glorificato in lui. Se Dio è stato glorificato in lui, anche Dio lo glorificherà da parte sua e lo glorificherà subito*" (13,31-32). L'amore non trionfa solo alla fine, dopo aver ceduto il passo alla sofferenza senza senso, ma già nell'ora della passione. I capitoli 13-17 di Giovanni, dilatando il racconto dell'ultima cena, sono un canto d'amore, paradossalmente eseguito tra il tradimento di Giuda e l'inizio della passione.
- Tra gli acuti di questo canto spicca il comandamento nuovo dell'amore, ripetuto per tre volte: la potenza dell'amore di Gesù è tale che il rapporto con

Giuda si inverte. Gesù non è l'oggetto del tradimento, ma il soggetto che si offre al traditore. Gesù non subisce l'atto di Giuda, ma lo assume trasformandolo nell'atto con cui gli si concede, affinché l'amore giunga al suo compimento. La scena dell'arresto esprime bene che le redini degli eventi sono in mano a Gesù, non in quelle dei suoi nemici (18,1-11). Gesù non viene raggiunto, "*si fa innanzi*" e chiede: "*Chi cercate?*".

- Il desiderio d'amore di Gesù raggiunge qui il suo apice: pur di conquistare all'amore anche il nemico, Gesù gli si offre. Il nemico può eliminarlo, ma non ha più alcuna possibilità di arginare l'amore del maestro. Il desiderio di comunione di Gesù è incontenibile, neanche la morte può fermarlo. Anche se questo suo desiderio non si impone all'altro al punto da impedirgli il rifiuto. Quando il suo corpo viene meno, l'amore che in esso ha pulsato viene effuso, al di là ormai dei limiti della sua presenza fisica.

L'incontro con Maria di Magdala (Gv 20,11-18): la libertà di Gesù.

- In Gesù risorto l'amore ha sorpassato i confini della morte nella sua intensità più elevata: è un amore che non conosce più ostacoli e limitazioni. Le apparizioni di Gesù risorto possono essere lette anche come continuazione del suo desiderio di unione con i suoi discepoli, come desiderio di confermarli nel suo amore. L'apparizione a Maria di Magdala può rievocare gli incontri di Gesù con la donna di Samaria e con Maria di Betania. Gesù seduce e si lascia sedurre a motivo di un amore che non ha argini, che non può essere rinchiuso nelle relazioni umane, anche se in queste viene sperimentato e vissuto.
- Ma come mantenere libero il desiderio di amore? Perché questo desiderio non cada nel rischio della possessività dell'altro, deve restare immerso in Dio. Per quanto noi esseri umani siamo spontaneamente capaci di amare, al punto da assomigliare non a una brocca di piccola capienza, ma a un pozzo profondo di considerevole portata, siamo però soggetti al prosciugamento delle risorse, come dei ruscelli senza fonte. Così, quando la relazione umana rischia di impedire il contatto vivo con la sorgente dell'amore di Dio, Gesù la allenta: la sua capacità di sedurre senza sequestrare, di amare intensamente senza possedere, è raccontata dall'episodio dell'incontro con Maria di Magdala, dopo la resurrezione.
- La morte è la prova più schiacciante dell'impossibilità per l'uomo di realizzare in pienezza nel proprio orizzonte di vita il suo desiderio di amore. Se

l'amore umano basta a dare senso alla vita, l'evento della morte può far perdere alla vita ogni senso. È in questo stato che troviamo Maria di Magdala fuori del sepolcro la mattina di Pasqua. Il suo pianto racconta l'abisso in cui è precipitato il suo cuore. Maria era molto vicina a Gesù, l'incontro le aveva radicalmente cambiato la vita. Luca racconta che Gesù l'aveva "*liberata da sette demoni*" (8,2): la presenza del numero sette porta a pensare a una liberazione totalizzante, che le ha permesso di cambiare vita e di mettersi alla sequela del maestro: questo è possibile solo perché è stata raggiunta dalla potenza dell'amore di Gesù. È una delle poche persone che arriva ad amare Gesù fino a stargli vicino anche sotto la croce, anche al momento della sepoltura: senza nessuna morbosità si può dire che fosse *la discepola che Gesù amava.*

- È comunque la prima persona cui Gesù appare! Maria è al sepolcro per onorare il corpo di Gesù; è l'unica cosa che le resta per esprimere il proprio affetto. Possiamo immaginare la confusione del suo cuore trovando il sepolcro vuoto: "*Hanno portato via il mio Signore e non so dove l'hanno posto*". Difficile amare nella totale assenza dell'amato. La comunione scema nel ricordo e nella memoria. Maria dovrà capire che la comunione amorosa si mantiene anche quando si rinuncia a ogni minimo possesso. Il desiderio arriva al massimo quando si accetta di mollare anche l'ultima presa.
- L'assenza di ogni possessività non è la fine dell'amore, ma il suo compimento definitivo. Perché l'altro sia presente nell'amore non è necessario possedere di lui qualcosa, fosse anche la minima traccia del suo corpo inerte. La ricerca di quella traccia può anche confondere i sensi e impedire a Maria di riconoscere Gesù e di non accorgersi che il desiderio di Gesù è quello di conquistare ogni uomo alla comunione con Dio. Quando il desiderare dell'uomo non è di vivere l'amore di Dio, ma si accontenta di meno, pensando di potersi saziare, Gesù sfugge alla presa, come il giorno in cui aveva sfamato una grande folla: "*sapendo che venivano a prenderlo per farlo re, si ritirò di nuovo sul monte, lui da solo*" (Gv 6,15).
- Maria di Magdala, nell'incontro con Gesù risorto, viene educata all'amore totalmente gratuito. Gesù potrebbe limitarsi alla domanda già rivolta alla donna dai due angeli: "*Donna, perché piangi?*", e invece sollecita in lei il desiderio di lui, vuole che ella lo esprima. Le domanda infatti: "*Chi cerchi?*". Il risorto non spegne il desiderio dell'altro ed egli stesso, sentendola ardere di bene per lui, trova corrispondenza alla sua sete di amore. La dichiarazione appassionata della donna ("*Signore, se l'hai portato via tu, dimmi dove l'hai posto e io andrò a*

prenderlo") impediscono a Gesù di trattenere ulteriormente la manifestazione del suo amore. "*Maria!*": la sua voce inconfondibile, quella del diletto, trova subito la risposta di Maria che lo chiama: "*Rabbunì*". Il gesto di gettarsi ai piedi di Gesù è contemporaneo all'esclamazione di affetto.

- L'incontro con la Maddalena non smentisce il desiderio di Cristo di amare e chiedere intimità personale agli uomini che incontra. È chiaro che la condizione per vivere la comunione con gli altri è di non fare dell'altro il proprio dio, ma di amarlo in Dio.

L'incontro con Pietro (Gv 21,1-33): la capacità di coinvolgimento di Gesù

- L'amore di Gesù suscita la sequela, induce cioè ad amare come lui ha amato. Ma come avviene ciò? Possiamo comprenderlo grazie all'incontro di Gesù con i discepoli, dopo la risurrezione, sul lago di Galilea, in particolare nel dialogo con Pietro. Questo dialogo costituisce il sigillo di un legame speciale stabilito da Gesù con il pescatore di Cafarnao lungo il corso della sua vita terrena e nello stesso tempo per comprenderlo bene abbiamo bisogno di mettere sullo sfondo la sua intera vicenda.
- Già dal primo incontro, quando Pietro è accompagnato da Gesù dal fratello Andrea, tra i due si instaura subito un rapporto profondo, intuibile nel cambiamento di nome: "*Tu sei Simone, il figlio di Giovanni; sarai chiamato Cefa – che significa Pietro"* (Gv 1,42). L'intensità dell'incontro è data anche dallo "sguardo" di Gesù, che immagina già in Pietro il "pescatore di uomini" e pastore delle sue pecore. Gesù desidera coinvolgere Pietro nel suo desiderio di comunione e, durante il suo ministero terreno, lo coinvolgerà nei momenti più significativi della sua missione.
- La vicinanza di Pietro fu certo significativa per Gesù, quando "*molti dei suoi discepoli tornarono indietro e non andavano più con lui* (6,66). Fu allora che Pietro disse a Gesù: *Signore, da chi andremo? Tu hai parole di vita eterna!"* (6,67-69). Possiamo ricordare, facendoci aiutare dagli altri vangeli, la "confessione" di Pietro a Cesarea di Filippo (Mt 16,16; Mc 8,29; Lc 9,20).
- Le dichiarazioni entusiaste di Pietro sono però accompagnate dall'ombra dell'incomprensione, anche se non manca mai la sincerità di un cuore passionale, che forse poco prudente nel misurare le forze, nell'immediato corrisponde subito al desiderio dell'altro. Un episodio però mostra la forza quasi "magneti-

ca" che intercorreva tra Pietro e Gesù: la tempesta in cui incapparono i discepoli dopo l'episodio della moltiplicazione dei pani e dei pesci, raccontata e in Matteo: "*Signore, se sei tu, comandami di venire verso di te sulle acque*" (Mt 14,28). Matteo permette di immaginare lo sguardo di Pietro che fissa Gesù, il quale, già lo stava fissando negli occhi dicendogli: "*Vieni!*". L'incrocio degli sguardi si traduce nella possibilità per Gesù di comunicare la sua potenza. La controprova è che quando Pietro distoglie lo sguardo da Gesù, comincia ad affondare.

- Giovanni racconta lo stretto legame tra Pietro e Gesù subito dopo il momento della lavanda dei piedi: "*Signore, perché non posso seguirti ora? Darò la mia vita per te!*" (13,37). Il rinnegamento di Pietro è ricordato da tutti gli evangelisti e Luca, in particolare, ricorda anche che Gesù "*fissò lo sguardo*" su Pietro e che questo subito scoppiò a piangere.
- Il triplice rinnegamento di Pietro è richiamato anche dalla triplice confessione di amore sulla spiaggia del lago di Galilea. Dopo una notte di pesca infruttuosa, Pietro accetta l'invito dello sconosciuto sulla spiaggia: "*Maestro, abbiamo faticato tutta la notte e non abbiamo preso nulla. Sulla tua parola getterò le reti*" (Lc 5,5). Pietro spontaneamente alla fatica antepone l'amicizia. Giovanni racconta come l'ardente desiderio dell'incontro con Gesù impedisca a Pietro di accettare il ritmo lento delle barche e lo induce a percorrere a nuoto il tratto di mare che lo separa dall'amico e maestro.
- Ed ecco il colloquio tra Pietro e Gesù: tre domande sull'amore. Il desiderio di comunione di Gesù non fa finta di niente, non distrugge il passato perdendo la memoria, mettendoci semplicemente una pietra sopra, ma risale con la memoria al passato perché questo da negativo diventi positivo, diventando motivo di amore che, essendo stato tradito, vuole essere ancora più ardente. Gesù accoglie Pietro al livello amoroso in cui si trova: rinuncia a un amore che sia già alla sua altezza.
- "*Simone di Giovanni, mi ami tu più di costoro?*". Il verbo usato – *agapào* – indica la qualità divina dell'amore, l'amore vissuto da Gesù stesso, un amore "a perdere", "fino alla fine", fino a dare la vita. La sottolineatura "*Più di costoro*" mostra il desiderio di Gesù di essere il primo nel cuore di Pietro, non per scalzare gli altri, ma perché il suo amore aspira ad essere l'unico. La risposta di Pietro non si colloca al livello dell'amore richiesto da Gesù, risponde infatti: "*Certo, Signore, tu lo sai che ti voglio bene*". Qui Giovanni usa il verbo *philèo*.

- La seconda domanda è come la prima, ma senza la condizione "*Più di costoro*". La terza volta Gesù scende al grado amoroso in cui si trova l'amico desiderato. Gesù usa lo stesso verbo di Pietro, il quale dà una risposta "addolorata". Pur di rendere partecipe l'amico del suo amore per gli uomini, Gesù non esita ad agganciarlo al grado amoroso in cui si trova. E da lì, Gesù non rinuncia ad attirarlo a un amore più grande, alla testimonianza del martirio.

L'incontro con i primi discepoli (Gv 1,35-51): seguire Gesù.

- Torniamo all'inizio, quando i primi discepoli sono stati attratti per la prima volta dalla persona di Gesù e hanno cominciato l'avventura della sequela. Tornare all'inizio è il modo privilegiato per illuminare nuovi passi da compiere, perché la vita possa raccogliere il proprio desiderio di amore, viverlo e annunciarlo. Possiamo immaginare sette passaggi per riuscire a corrispondere al comandamento: "*Come io ho amato voi, così amatevi anche voi gli uni gli altri*".

- **Sentire.** I discepoli sono inviati a Gesù dalla parola e dallo sguardo di Giovanni Battista. All'inizio dell'esperienza di fede di ogni cristiano c'è sempre qualcun'altro che gli ha parlato di Gesù e che l'ha invitato a fissare lo sguardo su di lui. Il cammino non nasce senza la predicazione e la testimonianza. Un luogo per eccellenza è la celebrazione dell'Eucaristia: qui, l'Agnello di Dio passa, parla ed è presente. Un altro luogo è la vita vissuta di tanti cristiani.

- **Seguire.** Il sentire è la scintilla che invoglia a seguire Gesù. Seguire significa stargli dietro. Il discepolo non va dove vuole, va dove va il maestro. Seguire Gesù significa oggi "praticare" il Vangelo, cioè assumere come stile di vita la sua Parola, che lo Spirito pronuncia attraverso la Scrittura. "*L'ignoranza delle Scritture è ignoranza di Cristo!*" (S.Girolamo).

- **Cercare.** Non basta sentir parlare di qualcuno, bisogna incontrarlo personalmente. "*Che cosa cercate?*". Seguire Gesù è una condizione capace di suscitare quelle domande che normalmente restano sullo sfondo della nostra vita.

- **Vedere.** "*Io ti conoscevo solo per sentito dire, ma ora i miei occhi ti hanno veduto*", diceva Giobbe uscendo dalla tragica esperienza di dolore e di isolamento (42,5). Il vedere rimanda all'esperienza fatta di persona, non più sentita da altri. I discepoli vedono perché seguono. Il non vedere chiaro non è necessariamente il segnale che non abbiamo fede o che ne abbiamo poca, ma invito a fidarsi di più, ad affidare la nostra vicenda personale, familiare, sociale, ecclesiale alle mani di Dio.

- **Rimanere.** È un verbo importante in Giovanni, che arriva fino ad usarlo per indicare la comunione tra Padre e Figlio. Si tratta di entrare in una profonda intimità, la vita dei discepoli diventa una cosa sola con la vita di Gesù. Ma l'intimità cresce nella misura in cui si sta con la persona amata.

- **Incontrare.** Andrea incontra il fratello Simon Pietro dopo essere stato con Gesù, ugualmente fa Filippo con Natanaele. L'evangelizzazione non è un'attività in proprio e l'annuncio nasce dal piacere dell'incontro con Gesù.

- **Condurre.** L'incontro tra Andrea e Simon Pietro diventa l'occasione perché anche quest'ultimo incontri Gesù. Il discepolo che aveva sentito parlare di Gesù, ora parla di Gesù a un altro. Inizia una reazione a catena: si tratta di condurre a Gesù, non a se stessi. Questo domanda di sapersi mettere in disparte, quando la propria presenza diventa ostacolo. Il discepolo sta accanto all'altro, davanti sta solo Gesù, l'unico in grado di appagare il cuore inquieto dell'uomo.

Indice:

Printed by Books on Demand GmbH, Norderstedt / Germany